한자와 함께 배우는 한국어 2

연세대학교 한국어학당 편

연세대학교 출판부

한자와 함께 배우는 한국어 2

편저자 연세대학교 한국어학당 교재편찬위원회
집필진 이희경 · 전나영 · 손성희 · 김성숙
펴낸곳 연세대학교 출판부
주　소 서울특별시 서대문구 연세로 50
http://www.yonsei.ac.kr/press
e-mail: ysup@yonsei.ac.kr
전　화 2123-3380~2
팩　스 2123-8673
등　록 1955년 10월 13일 제9-60호
그　림 이은황
인　쇄 (주)동국문화

2006년 4월 29일 1판 1쇄
2012년 3월 5일 1판 2쇄
ISBN 89-7141-732-3 (03710)

값 12,000원

머리말

한국어 교육의 50년 전통을 이어 온 연세대학교 언어연구교육원 한국어학당에서는 한국어 교육의 질을 높이기 위해 다양한 교재를 출간해 왔다. 요즘 한국과 한국 문화에 대한 세계인들의 관심이 높아지고 한국어를 배우고자 하는 해외동포와 외국인이 늘면서 한국어 교재에 대한 학습자들의 요구도 다양해졌다. 이에 따라 연세대학교 언어연구교육원 한국어학당에서는 다양한 선택반 교재를 출간하게 되었으며, 선택반 교재는 학습자들이 한국어를 학습하면서 부족하다고 느끼는 부문별 한국어 능력을 보충할 수 있도록 하기 위한 것이다. 각 교재는 학습자들의 필요와 목적에 따라 선택하여 집중적으로 한국어 능력을 향상할 수 있도록 구성되었다.

『한자와 함께 배우는 한국어』는 한자를 알고, 한자 어휘의 뜻을 이해하여 한국어 학습에 도움을 받을 수 있도록 만들어졌다. 약 70%가 한자 어휘로 이루어져 있는 한국어의 특성 상 한자와 한자로 구성된 어휘의 의미를 이해하지 못하고서는 한국어를 유창하게 하기가 어렵다. 한자를 알면 한자 어휘를 쉽게 이해할 수 있고 동일한 한자를 포함하는 많은 한자 어휘의 의미를 이해할 수 있어서 한국어 어휘력 향상에 큰 도움이 될 것이다. 이러한 어휘력 향상은 한국어 읽기와 듣기의 이해 능력뿐만 아니라 말하기, 쓰기와 같은 표현 능력의 향상에도 많은 발전을 기대할 수 있을 것이다.

『한자와 함께 배우는 한국어』가 연세대학교 언어연구교육원 한국어학당에서 공부하는 학생들뿐만 아니라 한국어를 정확하게 이해하고 구사하려는 모든 한국어 학습자들에게 도움이 되기를 바란다.

연세대학교 언어연구교육원
한국어학당 교재편찬위원회

일러두기

한국어의 약 70%가 한자 어휘로 이루어져 있으므로 한국어 학습에 있어 한자에 대한 이해는 필수적이라고 볼 수 있다. 본 교재는 외국인의 한국어 학습에 보탬이 되고자 만든 한자 교재이다. 한자는 뜻 문자이므로 한자의 뜻을 이해하게 되면 한국어 학습에 필요한 어휘를 습득하는 데에 큰 도움을 받을 수 있을 것이다.

본 교재의 구성은 본문, 새로 나온 한자어, 읽기연습, 연습문제, 색인으로 되어 있으며, 본문은 각 주제에 따라 일상생활에서 흔히 접할 수 있는 내용으로 구성되어 있다.

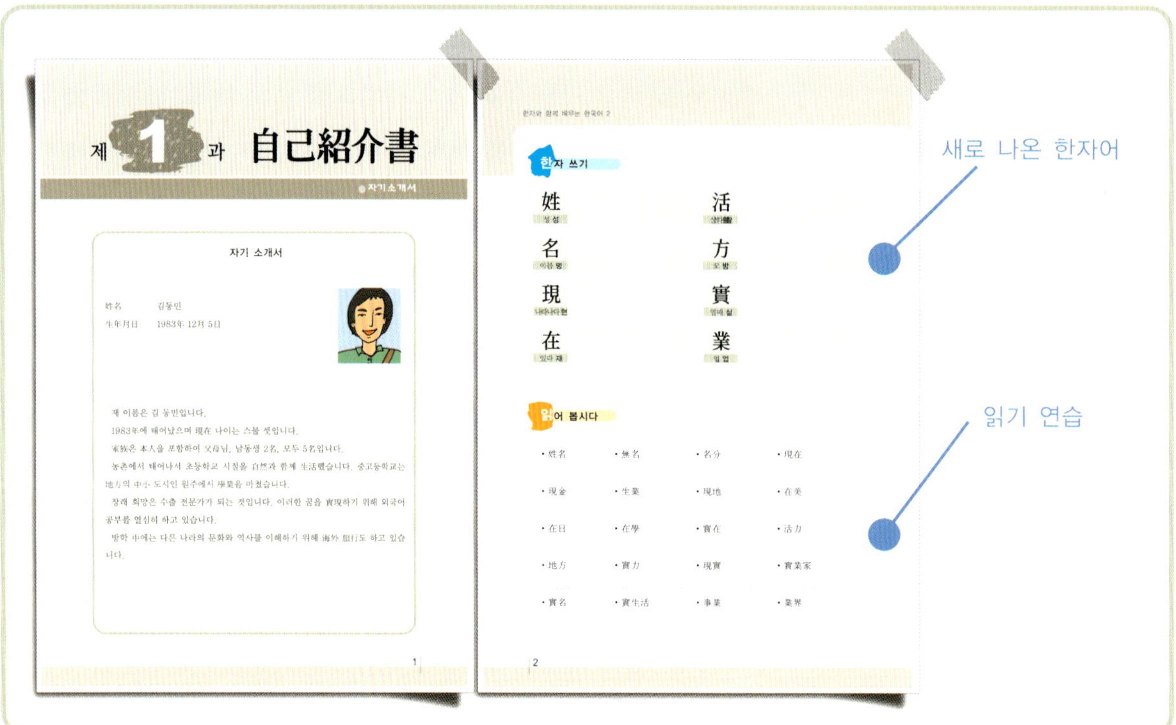

●새로 나온 한자어는 한자의 난이도와 사용 빈도를 감안하여 외국인이 한국어의 고급어휘를 늘리는 데에 도움이 되는 한자어를 중심으로 제시되어 있다. 또한 각 한자어를 학습자가 직접 써 볼 수 있도록 하였다.

●읽기 연습은 새로 나온 한자어를 활용하여 실생활에서 사용되는 어휘를 중심으로 각 과마다 20개의 단어를 제시하였다. 읽기 연습을 통해 새로운 한자어를 익히고 다양한 어휘의 의미를 생각해 볼 수 있도록 하였다.

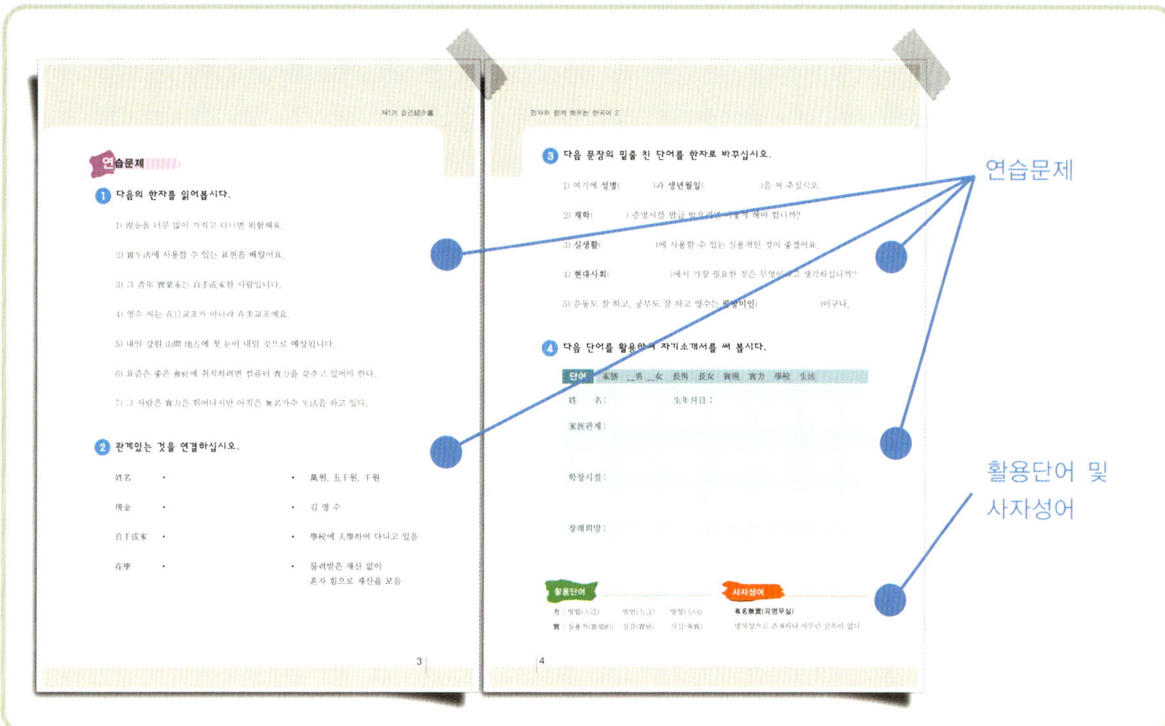

●연습문제는 세 부분으로 나누어 구성되어 있다. ❶은 배운 한자어를 이해하며 익히는 연습, ❷는 학습자가 한자어에 좀 더 쉽게 익숙해질 수 있도록 다양한 활동을 통해 연습해 보도록 구성되었다. ❸은 학습자가 배운 한자 어휘를 직접 써 볼 수 있도록 하였다. ❹는 직접 학습자가 배운 한자어를 사용하여 주제에 맞는 다양한 작문 연습도 할 수 있도록 하였다.

●색인 부분에서는 새로 나온 한자어를 가나다순으로 정리하여 학습자가 찾아보기 쉽도록 하였다.

●그 외에 활용단어와 사자성어를 넣어 한자의 뜻을 통해 사자성어를 쉽게 익히고 다양한 어휘를 활용할 수 있도록 하였다.

내용구성

과	제 목	새로 나온 한자어	사자성어
제 1 과	自己紹介書(자기소개서)	姓 名 現 在 活 方 實 業	有名無實
제 2 과	入學申請書(입학신청서)	申 請 書 住 所 位 歷 卒	適材適所
제 3 과	求人廣告(구인광고)	語 院 相 談 個 別 的 給	流言蜚語
제 4 과	新入社員(신입사원)	新 資 格 專 充 可 能 勤	溫故知新
제 5 과	個人 性格(개인 성격)	向 性 好 感 情 表 直 設	
제 6 과	價値觀(가치관)	價 値 觀 要 視 化 對 話	過小評價
제 7 과	餘暇生活(여가생활)	常 動 末 運 再 開 發 電	百發百中
제 8 과	大衆文化(대중문화)	聞 衆 流 全 氣 音 樂 同	
제 9 과	低出産 時代(저출산 시대)	結 婚 敎 育 未 來 安 産	苦盡甘來
제10과	討論(토론)	死 命 回 意 見 限 立 場	九死一生
제11과	인터넷 實名制(실명제)	制 報 通 信 部 利 用 私	漁夫之利
제12과	TV 홈쇼핑	注 文 賣 買 以 物 件 劵	
제13과	經濟(경제)	傳 原 油 引 失 深 作 明	
제14과	食事禮節(식사예절)	連 休 訪 問 禮 節 飮 儀	
제15과	휴대폰 禮節(예절)	每 他 共 病 禁 止 異 法	異口同聲

차례

제자원리

한자를 만든 원리는 여섯 가지로 구분할 수 있다. 처음에는 사물의 모양을 따라 만들거나 상징하는 의미를 부호로 나타냈지만, 이렇게 만드는 데는 한계가 있으므로 이미 만들어진 글자들을 결합하여 많은 글자를 만들어 쓰게 되었다.(전체 한자의 90% 이상) 그리고 한자 하나에 여러 가지 음과 뜻을 붙여 쓰임을 넓혔고, 외래어를 쓸 때는 한자의 음만 따서 적기도 한다.

1 한자의 製字原理(제자원리)

1. 象形文字(상형문자) : 눈에 보이는 사물의 모양을 본떠서 만든 글자

	月 (달 월)	밤하늘에 떠 있는 달의 모양
	火 (불 화)	활활 타오르는 불의 모양
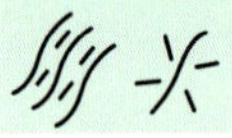	水 (물 수)	물이 흘러가는 모양

2. 指事文字(지사문자) : 그려낼 수 없는 개념을 점이나 선, 부호로 나타낸 글자

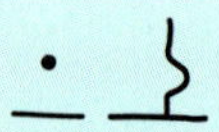	上 (위 상)	선 위에 점을 찍어 위를 나타냄
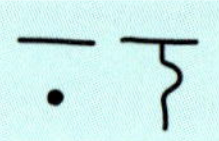	下 (아래 하)	선 아래에 점을 찍어 아래를 나타냄
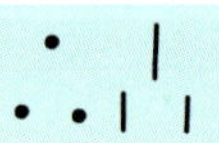	小 (작다 소)	점 세 개를 찍어 작다는 개념을 나타냄

2 한자의 結合原理(결합원리) : 이미 있는 글자를 서로 합쳐서 만든 글자

3. 會意文字(회의문자) : 이미 만들어진 한자들의 뜻을 결합하여 만든 글자

林 (수풀 림)	木 + 木	木(**나무** 목)자가 두 개 모였으므로 **숲**을 이룬다
炎 (불꽃 염)	火 + 火	火(**불** 화)자가 두 개 모여 뜨거운 **불꽃**이 되었다
明 (밝다 명)	日 + 月	日(**해** 일)과 月(**달** 월)이 모여 있어서 **밝다**

4. 形聲文字(형성문자) : 뜻을 나타내는 부분과 음을 나타내는 부분이 합해져 만들어진 글자
뜻을 이루는 雨(비 우)자와 소리를 나타내는 말이 결합해 날씨를 나타내는 한자들을 만들었다.

雲(구름 운)	雨 (비 우) + 云 (말하다 운)
霜(서리 상)	雨 (비 우) + 相 (서로 상)
露(이슬 로)	雨 (비 우) + 路 (길 로)

3 한자의 轉用原理(전용원리) : 이미 만들어진 글자의 뜻이나 음을 확대해서 쓰는 원리

5. 轉注文字(전주문자) : 한 글자가 여러 가지 뜻이나 음을 가지도록 굴리고(轉) 끌어내어진(注) 글자

樂 : 음악 악 즐거울 락(낙) 좋아할 요	風樂(풍악) 樂園(낙원) 仁者樂山 知者樂水(인자요산 지자요수)
惡 : 나쁠 악 미워할 오 감탄사 오	惡魔(악마) 憎惡(증오) 惡乎!(오호)

6. 假借文字(가차문자) : 본래의 뜻과 상관없이 그 음만 빌려 활용하는 글자
외래어를 쓸 때는 외래어의 소리와 비슷한 한자를 빌려와서 적는다.

아시아 (亞世亞)	유럽 (歐羅巴)	코카콜라 (可口可樂)

한자를 쓰는 순서

1. 위에서 아래로 쓴다.

三 三 三 三

2. 가로획부터 쓴다.

木 木 木 木 木

3. 왼쪽에서 오른쪽으로 써 나간다.

川 川 川 川

4. 꿰뚫는 획은 맨 나중에 쓴다.

中 中 中 中 中

5. 글자의 모양이 좌우 대칭일 때는 가운데 획을 먼저 쓴다.

山 山 山 山

6. 몸을 먼저 쓴다.

風 風 風 風 風 風 風 風 風 風

제 1 과 自己紹介書

자기 소개서

姓名　　　김동민

生年月日　　1983年 12月 5日

제 이름은 김 동민입니다.

1983年에 태어났으며 現在 나이는 스물 셋입니다.

家族은 本人을 포함하여 父母님, 남동생 2名, 모두 5名입니다.

농촌에서 태어나서 초등학교 시절을 自然과 함께 生活했습니다. 중고등학교는 地方의 中小 도시인 원주에서 學業을 마쳤습니다.

장래 희망은 수출 전문가가 되는 것입니다. 이러한 꿈을 實現하기 위해 외국어 공부를 열심히 하고 있습니다.

방학 中에는 다른 나라의 문화와 역사를 이해하기 위해 海外 旅行도 하고 있습니다.

한자 쓰기

姓 성 성	活 살다 활
名 이름 명	方 모 방
現 나타나다 현	實 열매 실
在 있다 재	業 업 업

읽어 봅시다

• 姓名	• 無名	• 名分	• 現在
• 現金	• 生業	• 現地	• 在美
• 在日	• 在學	• 實在	• 活力
• 地方	• 實力	• 現實	• 實業家
• 實名	• 實生活	• 事業	• 業界

연습문제

1 다음의 한자를 읽어봅시다.

1) 現金을 너무 많이 가지고 다니면 위험해요.

2) 實生活에 사용할 수 있는 표현을 배웠어요.

3) 그 青年 實業家는 自手成家한 사람입니다.

4) 영수 씨는 在日교포가 아니라 在美교포예요.

5) 내일 강원 山間 地方에 첫 눈이 내릴 것으로 예상됩니다.

6) 요즘은 좋은 會社에 취직하려면 컴퓨터 實力을 갖추고 있어야 한다.

7) 그 사람은 實力은 뛰어나지만 아직은 無名가수 生活을 하고 있다.

2 관계있는 것을 연결하십시오.

姓名	•	•	萬원, 五千원, 千원
現金	•	•	김 영 수
自手成家	•	•	學校에 入學하여 다니고 있음
在學	•	•	물려받은 재산 없이 혼자 힘으로 재산을 모음

3 다음 문장의 밑줄 친 단어를 한자로 바꾸십시오.

1) 여기에 성명(　　　　)과 생년월일(　　　　　　　)을 써 주십시오.

2) 재학(　　　　) 증명서를 발급 받으려면 어떻게 해야 합니까?

3) 실생활(　　　　　　)에 사용할 수 있는 실용적인 것이 좋겠어요.

4) 현대사회(　　　　　　　)에서 가장 필요한 것은 무엇이라고 생각하십니까?

5) 운동도 잘 하고, 공부도 잘 하고 영수는 팔방미인(　　　　　　　)이구나.

4 다음 단어를 활용하여 자기소개서를 써 봅시다.

단어	家族　__男 __女　長男　長女　實現　實力　學校　生活

姓　　名 :　　　　　　　　生年月日 :

家族관계 :

학창시절 :

장래희망 :

활용단어

方 : 방법(方法)　방언(方言)　방향(方向)

實 : 실용적(實用的)　실감(實感)　사실(事實)

사자성어

有名無實(유명무실)

명목상으로 존재하나 아무런 실속이 없다

제 2 과 入學 申請書

● 입학신청서

한국어학당 入學 申請書

申請學期에 표시하시오.

• 정규과정

春(　) 夏(　) 秋(　) 冬(　)　　二千________年

• 개인정보

1. 姓名 : 金 美 愛　2. 성별 : 女　3. 生年月日 : 一千九百八十七年 十月 二十一日

4. 學歷 :

卒業한 學校名 上海大學校　전　공 韓國學

學　位 學士　先生님 姓名 高大成

5. 住所와 전화번호

서울 西大門구 신촌동 一百三十四번지

6. 家族

姓　名	나　이	관　계	직　업
金相萬	六十세	父	會社員
申成實	五十四세	母	無
金在然	十七세	弟	學生

* 士 : 선비 사

한자 쓰기

申 말하다 **신**	所 자리 **소**
請 청하다 **청**	位 자리 **위**
書 기록하다 **서**	歷 지내다 **력**
住 살다 **주**	卒 마치다 **졸**

읽어 봅시다

• 申請書	• 內申	• 自請	• 住生活
• 學歷	• 書名	• 住所	• 書室
• 所長	• 所重	• 地位	• 所在地
• 方位	• 所行	• 學位	• 高卒
• 一位	• 名所	• 山所	• 前上書

연습문제

1 다음 문장을 읽어 봅시다.

1) 少年 家長이 서울大에 首席 入學을 했다.

2) 요즘 우리 사회에는 高學歷 실업자가 늘고 있다.

3) 韓國도 이제 世界 上位 二十位에 드는 경제大國이다.

4) 달라이 라마는 前生에 살았던 住所를 기억한다고 한다.

5) 우리 과의 歷代 學長님들은 모두 外國에서 박사 學位를 받으셨다.

6) 大學校에 入學한 後, 지난 週에 처음으로 미팅에서 애프터 申請을 받았다.

7) 子女들이 父母님께 같이 서울로 올라가시자고 請했지만, 父母님은 거절하셨다.

2 나머지 셋과 어울리지 않는 한자어를 고르십시오.

1) (　　　　　　) ① 姓名　② 學歷　③ 住所　④ 食事

2) (　　　　　　) ① 父母　② 春秋　③ 先生　④ 學生

3) (　　　　　　) ① 山川　② 自然　③ 住所　④ 天地

4) (　　　　　　) ① 申請　② 韓國　③ 日本　④ 美國

3 **배우자를 고를 때 어떤 조건을 중요하게 생각하는지 순서를 정해 보십시오.**

보기	家門	學歷	耳目口鼻	現金 有無	生年月日

一位 : 二位 : 三位 :

四位 : 五位 :

4 **다음의 한글을 한자로 고쳐 쓰고 빈 칸에 맞는 글자를 한자로 써서 자신의 이력서를 완성해 보세요.**

이 력 서

성명( ) : ____________

성별 : ______ 생년월일( ) : ____________

주소( ) : ____________

______年 중학교( ) 입학( )

______年 중학교( ) 졸업( )

______年 고교( ) 입학( )

______年 고교( ) 졸업( )

______年 대학교( ) 입학( )

______年 대학교( ) 졸업( )

활용단어

歷 : 경력(經歷) 병력(病歷) 역사(歷史)

住 : 주택(住宅) 주거지(住居地) 주민등록증(住民登錄證)

사자성어

適材適所(적재적소)

어떤 일에 적당한 사람에게 알맞은 자리나 일을 주다

제 3 과 求人廣告

● 구인광고

本院은 中高生과 會社員에게 外國語를 가르치는 名門 學院입니다. 本 學院의 學生들은 영어에서 높은 점수를 얻기 위해 노력합니다. 또한 中國語와 日本語를 배우려는 많은 會社員들이 夜間반에서 공부하고 있습니다. 本 學院은 이번에 美國人 先生 3名을 비롯해 中國人 先生 2名, 日本人 先生 1名 등 모두 6名의 강사를 채용할 계획입니다. 月給은 相談 後 個別的으로 결정하겠습니다. 관심 있으신 분은 아래 전화번호로 연락주세요.

연락처 : 2123~3468(3464)

한자 쓰기

語 말씀 어	個 낱 개
院 집 원	別 나누다 별
相 서로 상	的 목표 적
談 이야기하다 담	給 주다 급

읽어 봅시다

• 韓國語	• 外國語	• 無分別	• 少年院
• 院長	• 語學院	• 相談室	• 首相
• 時代相	• 生活相	• 月給	• 別名
• 別天地	• 別世	• 別食	• 個人
• 自然的	• 世界的	• 會談	• 自給自足

연습문제

1 다음의 문장을 읽어 봅시다.

1) 화가 나면 分別力을 잃는다.

2) 中國語를 배우는 中學生들이 늘고 있다.

3) 美國의 國會는 上院과 下院으로 구성돼 있다.

4) 高先生님이 入院하신 入院室은 326호 室이다.

5) 국립중앙박물관에 가면 조선 時代의 生活相을 한 눈에 볼 수 있다.

6) 十代 青少年들이 相談 先生님을 찾는 가장 큰 이유는 進學 문제 때문이다.

7) 數個月間 少年少女家長을 도와온 七十代 老人의 美談이 알려져 요즘 화제다.

2 두 한자를 합성하여 하나의 한자어를 만들고, 맞는 의미를 찾아 연결하십시오.

1) 公 + 的 = ________ •		• 國家的, 社會的
2) 心 + 的 = ________ •		• 分量과 관계된
3) 量 + 的 = ________ •		• 셀 수 있는
4) 數 + 的 = ________ •		• 마음으로 느끼는

3 설명을 읽고 보기에서 알맞은 단어를 찾아 낱말 맞추기를 해 보십시오.

보기 院長 在學中 所長 學院 美談 言語 韓國語 相談

	2)			
1)			4)	
			3)	
	6)			
5)				8)
		7)		

가로)

1) 서로 이야기하다

3) 특별한 기술을 배우기 위해 가는 곳

5) 병원에서 제일 높은 사람

7) 韓國사람들이 實生活에서 쓰는 말

세로)

2) 아름다운 이야기

4) 現在 學校에 다니고 있음

6) 공사 현장의 책임자

8) 말과 글

4 여러분이 會社 社長이라면 어떤 社員을 뽑고 싶습니까? 보기의 단어를 써서 구인광고를 만들어 보세요.

보기 學位 學歷 個別的 月給 語學實力 高卒 * 食品(식품) / 誠實(성실)

本社는 無公害 食品 유통 會社입니다. 신선한 야채를 東南아시아로 수출하는데 三十세 미만의 건강한 男女를 모집합니다. 2개 이상의 外國語가 가능한 大卒자를 뽑습니다. 月給은 相談 後 個別的으로 결정하겠습니다.

〈求人廣告〉

____

____

____

활용단어

談 : 덕담(德談) 환담(歡談) 담소(談笑)

別 : 별미(別味) 별장(別莊) 특별시(特別市)

사자성어

流言蜚語(유언비어)

근거 없이 널리 퍼진 소문

제 4 과 新入社員

신입사원

大學院에서 外國人을 위한 영어교육을 專門的으로 공부한 나는 卒業 後 韓國에 왔다. 韓國은 東北아시아의 中心國家로 成長할 可能性이 큰 나라라고 생각한다. 外國語學院에서는 내 전공과 學歷을 보고 資格이 充分하니 다음 週 月요일부터 出勤하라고 했다. 土요일 저녁에는 이번에 새로 뽑힌 新入강사들을 위한 會食이 있다. 새로운 곳에서 새로운 직업으로 출발하는 나의 二十代 後半이 앞으로 어떻게 펼쳐질까 기대된다.

한자 쓰기

新 새롭다 신	充 채우다 충
資 자본 자	可 옳다 가
格 자리 격	能 잘하다 능
專 오로지 전	勤 부지런하다 근

읽어 봅시다

• 新生兒	• 新學期	• 充足	• 新入生
• 新世界	• 新入社員	• 外國資本	• 人格
• 充實	• 專門的	• 專門性	• 專門大
• 充員	• 資本家	• 資格	• 學資金
• 可能性	• 目的格	• 能事	• 出勤

연습문제

1 다음 문장을 읽어봅시다.

1) 모두가 可能한 時間에 會食을 합시다.

2) 최근 新生兒 출산율이 더욱 低下되고 있다.

3) 東大門 시장에서는 의류를 專門的으로 판매한다.

4) 父母의 사랑은 不可能해 보이는 일을 可能하게 만든다.

5) 한국어학당의 강사가 되려면 大學院 석사 學位 이상의 資格이 필요하다.

6) 名門大 大學院에서 박사 學位를 받았으므로 교수 지원 資格은 充分하다.

7) 方 先生님은 外國人에게 韓國語를 가르치는 데 平生 專心專力을 다 하셨다.

2 보기에서 비슷한 단어를 찾아 쓰십시오.

보기	本業	自社	資金	專門家	一學年	新入社員

1) 專門 ____________ 2) 資本 ____________

3) 本社 ____________ 4) 新入生 ____________

5) 專門人 ____________ 6) 入社 一年 ____________

3 現在 自身의 能力으로 可能한 것은 무엇입니까? 글자를 묶어 단어를 만들고 써 보세요.

語	學	院	卒	業
首	出	長	新	資
席	世	界	旅	行
大	學	入	學	愛
格	專	社	充	國

보기 語學院 卒業

____ ____　____ ____　____ ____　____ ____

____ ____　____ ____ ____ ____

____ ____ ____ ____

4 보기의 한자어를 써서 아르바이트 자리를 구하는 광고를 만들어 보세요.

보기 學歷　專門　月給　時間　外國語 能力　個別的　可能　充分

아르바이트를 구합니다

美國의 專門大學을 卒業한 二十四세 靑年입니다. 一週日에 두 번, 두 時間씩 時間을 낼 수 있습니다. 月給은 서로 相談한 後에 정하겠습니다. 관심 있으신 분은 아래 전화번호로 연락 주십시오.

010-3930-292＊

아르바이트를 구합니다

____

____

____

____

____

활용단어

勤 : 퇴근(退勤)　근무(勤務)　야근(夜勤)

專 : 전공(專攻)　전문점(專門店)　전용차선(專用車線)

사자성어

溫故知新(온고지신)

옛 것을 배워서 새로운 것을 안다

제 5 과 個人性格

● 개인성격

나는 外向的인 性格이라 친구가 많다. 친구들도 이런 나에게 好感을 느껴 나를 과 代表로 뽑아 주었다. 그러나 내 感情 表現은 너무 直說的이다. 고민이 있는 친구에게 조용히 따뜻한 말을 건네는 多情한 性格을 가진 사람이 나는 부럽다. 내 주위에는 感性이 풍부하고 多情多感한 性格을 가진 친구가 많다. 大學에 入學해 새로운 친구들을 사귀고 있는 요즘, 나는 너무 直說的인 表現을 하지 않으려고 노력 中이다.

한자 쓰기

向 향하다 향	情 정 정
性 성품 성	表 나타나다 표
好 좋다 호	直 곧다 직
感 느끼다 감	說 베풀다 설

읽어 봅시다

- 方向 ______
- 風向 ______
- 南向大門 ______
- 愛情 ______
- 父情 ______
- 好人 ______
- 愛好 ______
- 代表性 ______
- 人情 ______
- 表現力 ______
- 好感 ______
- 直感 ______
- 直說的 ______
- 母性愛 ______
- 充足感 ______
- 時間表 ______
- 感性的 ______
- 代表資格 ______
- 性格 ______
- 力說 ______

연습문제

1 다음 문장을 읽어봅시다.

1) 新世代의 愛情 表現은 너무 直說的이다.

2) 그 男子는 母性 本能이 있는 女性을 좋아한다.

3) 그의 小說에는 新世代의 感性이 잘 表現되어 있다.

4) 韓國에서는 東向이나 西向보다 南向大門을 더 좋아한다.

5) 할머님께 손주 며느리를 보신 所感이 어떠신지 여쭤봤다.

6) 青少年期가 지나면서 女性과 男性은 서로에게 특별한 感情을 느끼게 된다.

7) 그 學說은 專門性이 부족해 學界에 발표해도 받아들여질 可能性이 별로 없다.

2 빈 칸에 공통으로 들어갈 한자를 보기에서 골라 쓰십시오.

보기	情	直	實	向	格	表

1) 人(　　), 性(　　)　　2) (　　)前, (　　)後

3) 感(　　), 母(　　)　　4) 方(　　), 右(　　)右

5) 事(　　), (　　)名　　6) (　　)現, (　　)情

3 설명을 읽고 보기에서 알맞은 단어를 찾아 낱말 맞추기를 해 보십시오.

보기 感性 事業家 家出 南向 直說的 數的 情感 直感 情談 好感

1)				2)
		3)/4)		
	5)/6)			
			10)	
8)				
9)			7)	

가로)

1) 韓國人이 집을 살 때 좋아하는 方向
3) 숨김없이 생각하는 것을 그대로 드러내는
5) 정다운 느낌
7) 집을 나가다, ○○ 靑少年
9) 대상에 대한 느낌

세로)

2) 셀 수 있는, 數와 관계된
4) 순간적으로 느끼다
6) 정다운 이야기
8) 좋아하는 마음
10) 事業을 하는 사람

4 보기의 단어를 이용하여 자기 性格을 소개하는 글을 써 보십시오.

보기 外向的 感情 愛情 表現 表情 直說的 * 內省的(내성적)

제 性格은 內省的이라서 愛人이 있어도 愛情 表現을 잘 못 하고 그 사람 앞에서는 表情도 굳어 집니다.

제 6 과 價値觀

가치관

사람마다 人生에서 重要視하는 것이 다르다. 家族을 重視하는 사람이 있는가 하면 社會에서의 出世를 重要하게 생각하는 사람도 있다. 資本주의 社會에서는 個人의 이익만을 추구하는 이기적 價値觀을 美化하는 경향이 있다. 어떤 價値觀을 가지느냐에 따라 삶의 方向이 크게 左右되므로 價値觀이 형성되는 靑少年期에 父母와 子女가 充分한 對話를 나누는 것이 重要하다.

한자 쓰기

價 값 가	視 보다 시
値 값 치	化 되다 화
觀 보다 관	對 대답하다 대
要 구하다 요	話 말하다 화

읽어 봅시다

• 價格	• 中低價	• 高價	• 數値
• 人生觀	• 世界觀	• 觀相	• 重視
• 重要性	• 要所	• 要請	• 要地
• 直視	• 可視的	• 手話	• 對話
• 實話	• 活性化	• 社會化	• 專門化

연습문제

1 다음 문장을 읽어봅시다.

1) 文學家들은 直感과 直觀을 重要視한다.

2) 現代 社會는 學歷보다 個人의 能力을 重要視한다.

3) 十九세기 美國人들은 自然을 따르는 生活을 重視했다.

4) 高價에 구입한 아파트가 低價로 매매되어 손해를 봤다.

5) 兒童期에 父母의 愛情을 充分히 받으면 社會生活을 할 때 對人관계도 좋다.

6) 學生會 代表와 校長 先生님이 만나 五月 축제를 活性化하자는 이야기를 했다.

7) 이번 週에 열린 南北 對話의 결과에 대해 南측과 北측 代表들은 모두 滿足했다.

2 여러분은 人生에서 무엇을 重要視하십니까? 다음의 상황에서 하나를 선택해 보십시오.

1) ① 하루에 1時間씩은 운동을 한다.
可能하면 小食을 하는데 주로 無公害식품을 먹는다. (　　)

② 外向的 性格이고 친구를 重要視한다.
가끔 暴食도 하고 老化에는 신경 쓰지 않는다. (　　)

2) ① 會社에 重要한 일이 있으면 愛人과의 약속을 취소할 수도 있다. (　　)

② 現在 내가 사귀는 愛人이 내 人生에서 가장 重要하다.
내 生活의 時間表는 愛人과 可能한 한 많은 時間을 보낼 수 있게 짠다. (　　)

3) ① 내 결혼 相對는 내가 직접 고르고 싶다.
마음에 드는 相對方이 있으면 내가 먼저 愛情 表現을 할 수도 있다. ( )

② 결혼과 같은 重大事는 父母兄弟의 의견을 따라야 한다.
學歷이나 家門도 無視할 수 없다. ( )

4) ① 직장의 出勤時間이 자유로운 專門 직업이 좋다.
實力에 따라 個人別 月給이 다르게 결정되어야 한다. ( )

② 하루 8時間 일하는 會社員 生活이 제일 마음 편하다. 時間이
지나면서 직장에서의 地位가 높아지면 月給도 自然히 많아질 것이다. ( )

3 보기의 한자어를 써서 자기 人生觀을 적어 보십시오.

보기 價値 必要 對話 感情 表現 學業 能力 輕視 無視 所重 *必:반드시 필

나는 人生에서 가장 所重한 것이 時間이라고 생각한다. 어릴 때는 父母兄弟와 행복한 時間을 보내는 게 重要하고, 靑年期에는 學業을, 3,40代에는 社會生活을 열심히 해야 한다. 한번 흘러간 時間은 다시 오지 않으므로 時間보다 重要한 것은 없다.

___

___

___

___

___

___

___

활용단어

對 : 대비(對備) 대책(對策) 대항(對抗)

觀 : 관광지(觀光地) 관람객(觀覽客) 직업관(職業觀)

사자성어

過小評價(과소평가)

실제로 가지고 있는 능력보다 낮추어 평가함

제 7 과 餘暇生活

여가생활

여가生活이란 日常生活에서 누리는 자유로운 生活을 의미한다. 週 5일제 근무로 여가時間이 늘어나면서 여가活動도 다양해졌다. 과거에는 텔레비전을 보거나 잠으로 週末을 보내던 사람들이 대부분이었다. 하지만 요즘은 週末을 이용해 旅行을 하거나 영화 관람, 運動, 登山을 하는 등 個人의 취미活動이나 건강을 위한 活動을 많이 하고 있다. 여가의 目的은 노는 것이 아니라 再充電, 再창조이므로 外國語 공부 등 自身의 能力을 開發하기 위해 노력하는 것도 좋을 것이다.

한자 쓰기

常 항상 상	再 다시 재
動 움직이다 동	電 전기 전
末 끝 말	開 열다 개
運 옮기다 운	發 펴다 발

읽어 봅시다

- 日常生活
- 常時
- 行動
- 活動
- 動力
- 動向
- 年末
- 學期末
- 運動會
- 國運
- 再會
- 再開發
- 充電
- 開業
- 開校
- 開會
- 發表
- 發生
- 出發
- 發動

연습문제

1 다음 문장을 읽어봅시다.

1) 開業을 축하합니다.

2) 어제 본 영화는 정말 感動的이었다.

3) 저희 아버지는 海運會社에 다니고 계십니다.

4) 食事量은 늘었는데 運動은 하지 않으면 당연히 살이 찌지.

5) 中間시험 본 지가 얼마되지 않은 것 같은데 벌써 學期末시험이라니….

6) 내일 아침 9時에 出發하기로 했으니까 30分 前까지 學校 앞으로 모여 주십시오.

7) 교통사고로 아직 下半身이 자유롭지 못하지만 열심히 再活치료를 받고 있다.

2 공통으로 들어갈 수 있는 한자어를 찾아 쓰십시오.

보기	動	再	開	發

1) (　　)發,　(　　)生,　(　　)會

2) 出(　　),　感(　　),　活(　　)

3) 出(　　),　活(　　),　(　　)表

4) (　　)業,　(　　)校,　(　　)學

3 **다음 문장의 밑줄 친 단어를 한자로 바꾸어 쓰십시오.**

1) 申請書는 이번 주말(　　　　)까지 제출해 주십시오.

2) 휴대폰을 어디에서 충전(　　　　)할 수 있나요?

3) 다시 재발(　　　　)하지 않도록 건강 조심하세요.

4) 小食과 적당한 운동(　　　　)이 장수의 비결이지요.

5) 다음 週에 개학(　　　　)하면 친구들을 만날 수 있겠지요?

6) 신체의 장애를 극복하고 성공한 이야기는 정말 감동적(　　　　)이었어요.

4 **여러분에게 매주 12시간의 여가시간이 생긴다면 어떻게 보내시겠습니까? 계획을 세워 보고 여러분의 여가생활에 대해 써 봅시다.**

단어	運動	外國語 공부	登山	活動	能力開發

나에게 週末마다 12시간의 여가時間이 생긴다면 ……

____

____

____

____

____

활용단어

再 : 재혼(再婚) 재활용(再活用) 재시험(再試驗)

發 : 발명(發明) 발달(發達) 발신자(發信者)

사자성어

百發百中(백발백중)

계획이나 예상 따위가 꼭 들어맞음

제 8 과 大衆文化

● 대중문화

TV, 新聞, 라디오 등 大衆매체를 통해 전달되는 大衆文化는 우리의 日常生活에 영향을 미칠 뿐만 아니라 이제는 국경을 넘어 世界化, 국제화 되고 있다. 1990年代에 東南아시아에 韓國 大衆文化가 알려지면서 시작된 韓流열풍은 中國, 日本 등 아시아 지역뿐만 아니라 이제는 全世界로 퍼지고 있다. 韓國에서 人氣가 있는 音樂이나 드라마가 同時에 다른 나라에서도 人氣를 끌면서 연예인들의 生活이나 活動이 국제적인 관심사가 되고 있다.

한자 쓰기

聞 듣다 **문**	氣 기운 **기**
衆 무리 **중**	音 소리 **음**
流 흐르다 **류(유)**	樂 즐겁다 **락(악)**
全 온전하다 **전**	同 한가지 **동**

읽어 봅시다

• 新聞	• 公衆	• 衆生	• 流水
• 流行	• 一流	• 全校生	• 全國
• 全世界	• 活氣	• 氣分	• 氣力
• 發音	• 音樂室	• 低音	• 高音
• 樂長	• 同業	• 同行	• 同感

연습문제

1 다음 문장을 읽어봅시다.

1) 父母님들은 子女들이 一流 大學에 入學하기를 원한다.

2) 내일 있을 運動會를 위해 全校生이 모여서 연습을 했다.

3) 學校 다닐 때 나는 音樂 時間을 제일 좋아했다.

4) 學期末 성적이 나빠서 그런지 영수가 오늘 하루종일 氣分이 좋지 않다.

5) 아무리 열심히 연습해도 韓國語 發音이 自然스럽지 않아 걱정이다.

6) 무조건 流行을 따르는 것보다 자기 個性을 살리는 것이 重要하다.

7) 요즘은 스키와 골프가 大衆化되어 많은 사람들이 즐기는 스포츠가 되었다.

2 관계있는 것을 연결하십시오.

運動 •	• 流行하는 노래, 드라마
外國語 •	• 축구, 야구, 농구, 배구
年末 •	• 日語, 中國語
運行 •	• 비행기, 기차, 지하철, 버스
大衆文化 •	• 크리스마스, 송년회

3 다음은 음(音)이 같은 한자입니다. 맞는 한자를 써 봅시다.

동	東	動	同

1) 영수씨의 어제 **행동**(行　　)은 정말 이해할 수가 없다.

2) 이제는 **동성동본**(　　姓　　本)의 결혼도 가능해졌다.

3) 나이가 몇 살이냐고 물었더니 1時 5分이라고 **동문서답**(　　問西答)을 했다.

중	中	重	衆

1) 내일은 **중간**(　　間)시험이 있는 날이다.

2) 이 일은 아주 **중요**(　　要)한 일이니까 신중하게 하도록 하세요.

3) 요즘은 대부분 핸드폰을 사용하니까 **공중**(公　　)전화가 많이 없어졌다.

전	全	前	專

1) **전신운동**(　　身運動)으로 적당한 스포츠는 무엇일까?

2) 2시부터 회의가 시작되니 10분 **전**(　　)까지 와 주십시오.

3) 이 일은 아무나 할 수 있는 일이 아니에요. **전문가**(　　門家)에게 부탁하세요.

4 대중문화가 우리 생활에 미치는 영향에 대해 써 봅시다.

단어	大衆文化	人氣	韓流	全世界的	音樂	流行

연예인이 되는 것이 꿈이라고 말하는 靑少年들이 많다. 날마다 텔레비전을 통해 우리에게 전해지는 大衆文化는 靑少年들에게 어떤 영향을 미치고 있을까?

제 9 과 低出産 時代

저출산 시대

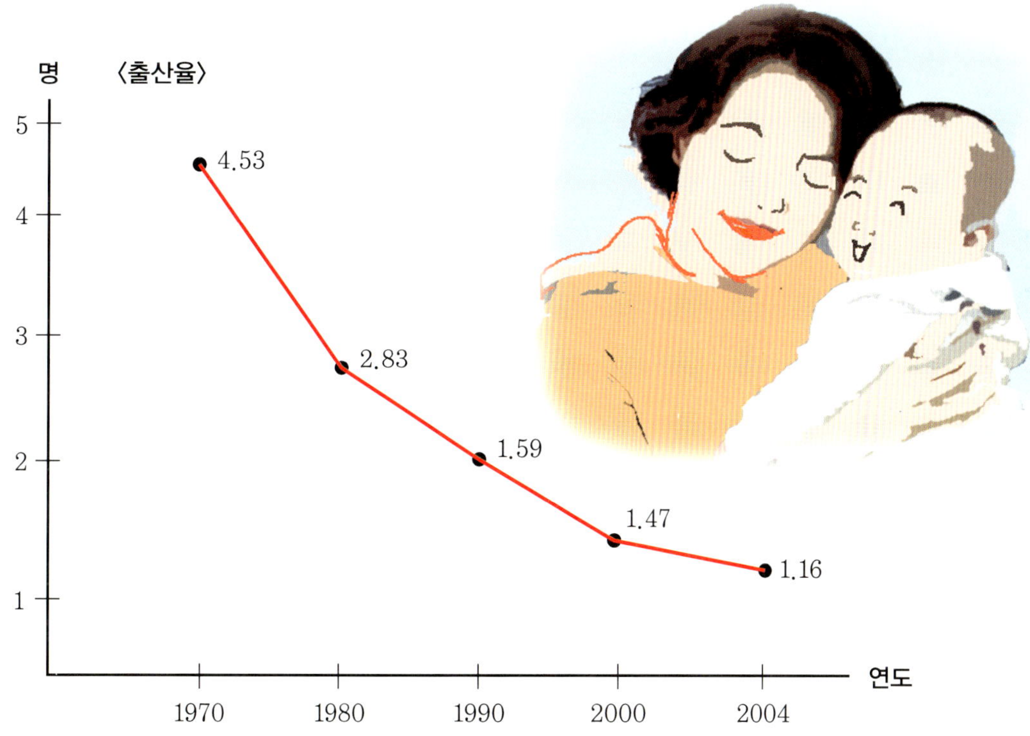

일부 國家에서 고민하고 있는 社會 문제 中의 하나는 出産율 低下라고 할 수 있다. 結婚 연령이 높아지고 女性들의 적극적인 社會 活動 참여로 인해 出産을 원하지 않는 사람도 많아졌다. 育兒 문제와 敎育문제, 그리고 未來에 대한 不安까지 겹치면서 子女없이 自身들만의 人生을 즐기려는 젊은이들이 늘고 있다. 低出産 문제가 社會 문제가 되면서 출산율을 높이기 위해 정부가 노력하는 나라도 있다. 結婚과 出産이 선택이 되어버린 現代 社會에서 우리는 어떤 선택을 해야 할까?

한자 쓰기

結 맺다 결	未 아니다 미
婚 혼인하다 혼	來 오다 래
敎 가르치다 교	安 편안하다 안
育 기르다 육	産 낳다 산

읽어 봅시다

• 結實	• 未婚母	• 再婚	• 婚事
• 敎室	• 敎師	• 育兒	• 育成
• 敎育	• 未成年	• 未開	• 未安
• 來日	• 來世	• 來韓	• 生産量
• 安全運行	• 安心	• 産業	• 生産

연습문제

1 다음 문장을 읽어봅시다.

1) 未成年者는 出入할 수 없습니다.

2) 來週에 마이클 잭슨의 來韓공연이 있다.

3) 차를 탈 때는 언제나 安全벨트를 착용해야 한다.

4) 이 教室에는 中國사람, 美國사람, 日本사람이 있습니다.

5) 大學 教育을 받은 사람만이 出世할 수 있는 時代는 아니다.

6) 여기는 사고가 잦은 곳이니까 安全 運行해 주시기 바랍니다.

7) 結婚하지 않고 혼자 살겠다는 女性이 늘고 있는 이유는 무엇일까?

2 설명에 맞는 단어를 찾아 쓰십시오.

未	末	教	校	不
結	婚	育	肉	動
週	美	個	性	産
同	來	事	成	安
行	新	入	社	員

1) 아직 결혼하지 않은 상태 : 未 婚

2) 같은 길을 함께 가는 것 : ___ ___

3) 가르치고 지도하는 것 : ___ ___

4) 땅이나 집 등 움직일 수 없는 재산 : ___ ___ ___

5) 사람마다 가지고 있는 남과 다른 특성 : ___ ___

6) 회사에 들어간 지 얼마 되지 않은 사람 : ___ ___ ___ ___

3 밑줄 친 한자어를 바르게 고치십시오.

1) <u>美來</u>(　　　　　)의 내 모습은 어떻게 변해 있을까?

2) 出<u>山</u>(　　　　　)을 원하지 않는 女性들이 많아 人口가 줄었다.

3) 외국어 <u>校肉</u>(　　　　　)은 어렸을 때부터 시작하는 게 좋다고 한다.

4) 아직은 한자 實力이 많이 <u>父足</u>(　　　　　)한 편이다.

5) 요즘 運<u>回</u>(　　　　　)을 하지 않아 몸이 둔해졌다.

4 結婚生活과 獨身生活에 대해 써 봅시다.

단어 結婚　獨身　出産　子女　育兒　社會活動　教育　獨立　(獨:홀로 독)

結婚生活	獨身生活
• 家族과 함께 있어 외롭지 않다.	• 자유로운 生活을 즐길 수 있다.
•	•
•	•
•	•
•	•
•	•
•	•

활용단어

結 : 결론(結論)　결국(結局)　결합(結合)

未 : 미숙아(未熟兒)　미망인(未亡人)　미지수(未知數)

고사성어

苦盡甘來(고진감래)

고생 끝에 즐거움이 오는 것

제 10 과

討論

● 토론

오늘 저희가 토론할 주제는 安樂死입니다. 安樂死는 한 사람의 生命을 左右하는 문제입니다. "回生의 可能性이 없는 환자를 과연 치료할 필요가 있을까?"라는 安樂死에 찬성하는 意見과 "可能性이 없다고 해도 生命이 유지되는 限, 人間으로 인정해야 한다"는 반대의 意見이 있습니다. 그럼, 먼저 환자 本人의 立場과 환자 家族의 立場에서 토론해 보기로 하겠습니다.

한자 쓰기

死 죽다 **사**	見 보다 **견**
命 목숨 **명**	限 한정하다 **한**
回 돌아오다 **회**	立 서다 **립(입)**
意 뜻 **의**	場 마당 **장**

읽어 봅시다

• 死別	• 生死	• 運命	• 生命
• 一回	• 回數	• 同意	• 意見
• 意外	• 意向	• 見學	• 見本
• 限界	• 制限	• 限時的	• 立冬
• 運動場	• 場所	• 現場	• 立場

연습문제

1 다음 문장을 읽어봅시다.

1) 자신의 意見을 發表해 주십시오.

2) 年末모임의 時間과 場所를 확인해 주십시오.

3) 그 범인은 現場에서 바로 체포되었다.

4) 부인과 死別한 지 10年이 지난 後에 再婚을 했다.

5) 期末시험이 어려울 줄 알았는데 意外로 쉬워서 다행이었다.

6) 韓國사람들이 四자를 싫어하는 이유는 死와 音이 같기 때문이다.

7) 한 個人의 運命은 만들어지는 것일까? 出生과 同時에 결정된 것일까?

2 다음 한자의 음과 뜻을 쓰십시오.

1) 音 : 소리 음　　　意 : ________

2) 語 : ________　　　話 : ________

3) 末 : ________　　　未 : ________

4) 住 : ________　　　位 : ________

5) 性 : ________　　　姓 : ________

6) 限 : ________　　　院 : ________

3 다음 문장의 밑줄 친 단어를 한자로 쓰십시오.

1) 인간의 <u>한계</u>(　　　　)에 도전하는 사람들!

2) 저도 그 <u>의견</u>(　　　　)에 <u>동의</u>(　　　　)합니다.

3) 이번 學期에는 김치공장으로 <u>견학</u>(　　　　)을 가기로 했다.

4) 내일 東大門<u>운동장</u>(　　　　　　　)에서 축구시합이 있습니다.

5) 이 상품은 이번 달만 <u>한시적</u>(　　　　　　　)으로 판매되는 것입니다.

6) <u>인명</u>(　　　　)은 在天이라는 말은 사람의 <u>생명</u>(　　　　)은 하늘에 달려있다는 뜻이다.

4 安樂死에 대해 찬성하거나 반대하는 여러분의 意見을 쓰십시오.

단어	生命	運命	限界	回生	可能性	同意	意見

저는 安樂死를 인정해야 한다는 의견에 同意합니다. / 同意하지 않습니다. 그 이유는 다음과 같습니다.

____

____

____

____

____

활용단어

回 : 회상(回想) 회전(回傳) 회수(回收)

限 : 제한(制限) 한정판매(限定販賣) 한도(限度)

사자성어

九死一生(구사일생)

위험한 상황에서 거의 죽을 뻔하다가 겨우 살아남

제 11 과 인터넷 實名制

● 인터넷 실명제

情報通信部는 사이버 暴力을 막기 위해 인터넷 實名制를 강화하겠다고 發表했습니다. 앞으로는 사이트를 利用할 때 반드시 本人의 實名을 확인해야 합니다. 지금도 여러 業界가 이미 制限的으로 實名制를 實行하고 있습니다. 하지만 여전히 사이버 暴力이 심한 것을 보면 情報通信部가 實行하려고 하는 인터넷 實名制가 有名無實해지지 않을까 걱정입니다. 實名制가 오히려 個人의 私生活과 인권을 침해할 수도 있다는 우려의 목소리도 높습니다. 여러분의 意見은 어떻습니까?

한자 쓰기

制 만들다 제	部 나누다 부
報 갚다 보	利 이롭다 리
通 통하다 통	用 쓰다 용
信 믿다 신	私 개인 사

읽어 봅시다

- 産兒制限
- 再活用
- 教育部
- 通過
- 通信員
- 通姓名
- 通信社
- 通用
- 通話量
- 開通
- 內(外)部
- 利用
- 利子
- 過信
- 所信
- 私生活
- 不信
- 制動
- 私立學校
- 小說部門

연습문제

1 다음 문장을 읽어봅시다.

1) 韓國의 學制는 六, 三, 三, 四年制로 되어 있다.

2) 韓國語를 배울 때 받침 發音 部分이 제일 어렵다.

3) 國家情報院에서는 國家 安全과 관련된 情報를 수집한다.

4) 入院할 정도는 아니지만 三週間 通院 치료를 받아야 한다.

5) 外國語 教育을 專門으로 하는 私立學校들이 많이 設立되었다.

6) 요즘 같은 情報化 時代에는 山間 分校에서도 全校生이 컴퓨터를 利用한다.

7) 多情한 性格을 가진 全 목사님은 說教도 잘 해서 教人들 사이에 人氣가 많다.

2 밑줄 친 단어의 뜻을 생각해 보고 보기에서 알맞은 한자를 골라 그 단어를 한자로 써 보십시오.

1) 어제 아침 부장님이 맡기신 부분은 다 했습니다.

보기 不 父 部 부장 : ________ 부분 : ________

2) 인터넷 통신을 이용해 편지를 보냈는데 회신이 없다.

보기 申 信 新 통신 : ________ 회신 : ________

3) 사석에서 알게 된 연예인의 사생활에 대해서까지 기사화해서는 안 된다.

보기 死 師 私 사석 : ________ 사생활 : ________

3 3. 빈 칸에 공통으로 들어갈 한자를 보기에서 찾으십시오.

단어	信	通	報	制	用	利

1) 金(　　), 暴(　　), (　　)子　　2) 會(　　), 學(　　), 社(　　)

3) 學(　　), 大家族(　　), 實名(　　)　　4) 公(　　), 利(　　), 再活(　　)

5) 過(　　), 外(　　), (　　)用　　6) (　　)風, 不(　　), 內(　　)

4 인터넷 實名制에 對한 自身의 意見을 다음 단어를 活用하여 써 보십시오.

보기					
情報通信	制限	通用	生命	場所	大衆
對話	直說的	表現	同意	方向	利用

인터넷에서는 多數의 大衆이 서로 意見을 주고 받는다. 남에게 害를 끼칠 수 있는 直說的 表現은 自制해야 하지만 大部分의 사람들이 無分別하게 댓글을 달아 다른 사람을 곤란하게 하기도 한다. 그러므로 나는 지금보다 더 강력하게 實名制를 실시해야 한다고 생각한다.

활용단어

報 : 보고서(報告書) 보도(報道) 보상금(報償金)

信 : 신호등(信號燈) 신앙심(信仰心) 신임(信任)

고사성어

漁父之利(어부지리) (도요새와 조개가 싸우고 있는 사이에서 어부가 쉽게 그 둘을 다 잡았다는 고사에서) 둘이 다투고 있는 사이에 엉뚱한 사람이 그 이익을 가로챈다

제 12 과 TV 홈쇼핑

최근 젊은 층 사이에는 TV 홈쇼핑을 이용하는 사람의 數가 늘고 있다. 業界마다 國內外 人氣 브랜드를 종류와 價格 別로 자세히 보여준다. 會員으로 등록해 카달로그를 申請하면 六個月 間 보내주기도 한다. 모든 注文과 賣買가 전화 相談을 通해 이루어진다. 三萬원 以上 사는 손님에게는 무료로 物件을 배달해 주고, 꾸준히 利用해 포인트가 쌓이면 現金처럼 쓸 수도 있다. 이것을 잘 活用하면 時間과 勞力을 모두 절약할 수 있다.

한자 쓰기

注 물대다 **주**	以 써 **이**
文 글월 **문**	物 만물 **물**
賣 팔다 **매**	件 사건 **건**
買 사다 **매**	勞 일하다 **로(노)**

읽어 봅시다

• 注力	• 注文 生産	• 注視	• 注意力
• 文學	• 女流 文人	• 外國 文物	• 賣物
• 家事勞動	• 世上 物情	• 買食	• 買入
• 賣買量	• 以前	• 風物	• 名物
• 實物	• 件數	• 勞動力	• 勤勞時間

연습문제

1 다음 문장을 읽어봅시다.

1) 南部地方은 예로부터 物資가 풍부했다.

2) 本社가 生産한 物件의 全量을 美國에 수출한다.

3) 再開發 지역의 주택 賣買 價格이 인상되었다.

4) 인터넷으로 物件을 注文하면 사흘 以內에 배달된다.

5) 韓國은 담배와 인삼의 專賣 事業을 國家가 하고 있다.

6) 會社의 賣出을 늘리기 위해서 社員 여러분이 努力해 주십시오.

7) 주식시장에 低價 賣物이 쏟아져 나와, 오늘 하루 賣買量이 많았다.

2 나머지 셋과 관계없는 것을 하나 고르십시오.

1. (　　　　　) ① 以後 ② 賣場 ③ 注文 ④ 價格

2. (　　　　　) ① 物件 ② 動物 ③ 生物 ④ 人物

3. (　　　　　) ① 注文 ② 賣買 ③ 專賣 ④ 意見

4. (　　　　　) ① 動力 ② 水力 ③ 自力 ④ 火力

3 설명을 읽고 보기에서 알맞은 단어를 찾아 낱말 맞추기를 해 보십시오.

보기 現住所 表情 現金 賣買 價格表 賣物 物價 直前 以前 生物 物件

1)/2)				4)
			3)	
	5)	6)		
10)		7)	8)	
11)				
			9)	

가로)

1) 現在 살고 있는 곳의 住所

3) 바로 전에

5) 사고 팔다

7) 物件의 價格

9) 마음 속의 感情이 얼굴에 드러난 모습

11) 상품

세로)

2) 實生活에서 通用되는 돈

4) 지금보다 前에

6) 팔 물건

8) 물건의 값을 적어놓은 표

10) 살아있는 모든 것

4 인터넷을 利用해 物件을 注文한 경험을 써 보십시오.

단어 三個月 注文 物件 賣買 以下 賣場 價格

五個月 前에 나는 인터넷으로 책을 注文한 일이 있다. 책은 物件을 눈으로 직접 보지 않아도 되고 三萬원 以上 사면 20% 價格 할인도 받을 수 있다. 그래서 책처럼 무거운 物件은 홈쇼핑을 利用하는 것이 좋다.

제 13 과 經濟

●경제

최근 傳해지고 있는 국제 原油 價格의 引上 소식은 韓國의 경제에 나쁜 영향을 미치고 있다. 原油를 全的으로 수입에 의존하는 韓國의 상황에서 油價 引上은 경제 成長을 가로막고, 失業 문제를 深化시키는 직접적인 원인으로 作用할 것이 分明하다. 그리고 高油價의 영향으로 시장의 소비자 物價가 引上됨으로써 소비도 줄게 된다. 이러한 악순환을 막기 위해서는 다른 에너지原의 開發이 시급하다.

한자 쓰기

傳 전하다 전	失 잃다 실
原 근원 원	深 깊다 심
油 기름 유	作 짓다 작
引 끌다 인	明 밝다 명

읽어 봅시다

• 傳來童話	• 原價	• 原動力	• 原子力
• 原來	• 食用油	• 油價	• 石油
• 引用	• 引出	• 失業	• 失手
• 深化	• 水深	• 作文	• 作用
• 作動	• 作業	• 失明	• 發明

연습문제

1 다음 문장을 읽어봅시다.

1) 作文시험이 없다면 얼마나 좋을까?

2) 나도 그 영화를 보고 싶었는데... 以心傳心이구나.

3) 커피 전문점에서 팔고 있는 커피의 原價는 얼마나 될까?

4) 金利가 引下되면 不動産 價格이 오를 可能性이 크다.

5) 여기는 水深이 깊어 수영을 할 수 없습니다.

6) 올해는 物價가 많이 올랐으니까 月給도 引上되겠지?

7) 이 기계가 전혀 作動하지 않는데 왜 그런지 모르겠어요.

2 다음 중 音(음)이 다른 한자를 찾아 音과 뜻을 쓰십시오.

보기	姓	性	生	星	(生 : 날 생)

1)	全	傳	意	前	(　　　　　　　)
2)	原	場	院	員	(　　　　　　　)
3)	實	社	失	室	(　　　　　　　)
4)	運	明	命	名	(　　　　　　　)
5)	社	限	事	死	(　　　　　　　)

3 다음은 音이 같은 한자입니다. 문장에 맞는 한자를 쓰십시오.

보기	失業　實業

1) 韓國 경제가 좋지 않아 **실업**(　　　　　)문제가 심각하다.

2) 그 靑年 **실업**(　　　　　)家는 혼자의 힘으로 큰 會社를 세웠다.

보기	失明　實名

1) 인터넷에 自身의 意見을 올릴 때는 **실명**(　　　　　)을 사용해야 합니다.

2) 그 사람은 사고로 눈을 다쳐 **실명**(　　　　　)되었다고 합니다.

보기	油性　流星

1) **유성**(　　　　　)을 보며 소원을 빌면 그 소원이 이루어진다고 한다.

2) 이것은 **유성**(　　　　　)물감이므로 물에 잘 지워지지 않습니다.

4 요즘의 경제 상황에 대한 신문기사를 써 봅시다.

보기	原油	引上	引下	月給	失業	物價	成長	賣買

계속되는 국제 原油 가격의 引上으로 韓國 경제의 어려움이 深化되었다. 新入社員을 뽑지 않는 會社도 있어 失業으로 인한 경제난은 더욱 심각해졌다.

제 14 과 食事禮節

● 식사예절

이번 連休에 무엇을 할까 고민이었는데 韓國친구가 나를 저녁 食事에 초대해 주었다. 처음 韓國사람 집을 訪問하게 되어 혹시 失禮라도 하게 될까 봐 친구에게 韓國의 食事禮節에 대해 먼저 물어 보았다.

어른들과 食事할 경우 윗사람보다 먼저 수저를 들지 않으며 食事가 끝난 後에도 윗사람이 食事를 끝낼 때까지 기다리는 것이 禮儀라고 했다. 또한 食事 中에는 자리를 뜨지 않으며 飮食을 소리내어 먹지 않도록 해야 한다는 것도 알았다.

한자 쓰기

한자	뜻과 음	한자	뜻과 음
連	연결하다 **연**	禮	예절 **예**
休	쉬다 **휴**	節	마디 **절**
訪	찾다 **방**	飮	마시다 **음**
問	묻다 **문**	儀	모양 **의**

읽어 봅시다

- 連結 ______
- 連發 ______
- 連日 ______
- 連行 ______
- 公休日 ______
- 休學 ______
- 休校 ______
- 年中無休 ______
- 訪韓 ______
- 訪美 ______
- 訪問 ______
- 問安 ______
- 禮物 ______
- 禮儀 ______
- 禮節 ______
- 飮食 ______
- 過飮 ______
- 連休 ______
- 休業 ______
- 飮食物 ______

연습문제

1 다음 한자를 읽어 봅시다.

1) 이번 5日間의 連休에 무엇을 할까 생각 中이에요.

2) 저는 大學校 2學年 때 休學하고 군대에 갔다 왔어요.

3) 結婚식 때 신랑과 신부는 서로 禮物을 주고 받는다.

4) 새로 생긴 禮節이 있는가 하면 사라져 버린 禮節도 있다.

5) 어제 너무 過飮을 해서 그런지 지금도 속이 좋지 않다.

6) 禮儀에 어긋난 行動을 하면 그 사람의 人相이 흐려지게 마련이다.

7) 韓國사람 집을 訪問할 때 특히 주의해야 할 것은 무엇입니까?

2 다음은 비슷한 한자입니다. 각 한자의 음과 뜻을 쓰십시오.

1) 連 : ______________ 運 : ______________

2) 問 : ______________ 間 : ______________

3) 訪 : ______________ 方 : ______________

4) 休 : ______________ 住 : ______________

5) 作 : ______________ 件 : ______________

3 다음 설명에 맞는 한자를 찾아 쓰십시오.

全	原	發	過	飮
作	訪	問	父	食
以	心	傳	心	年
失	子	三	安	中
傳	明	油	日	無
引	禮	節	連	休

1. 다른 사람의 집을 찾아 가는 것 : ____ ____
2. 2일 이상의 쉬는 날이 계속되는 것 : ____ ____
3. 술을 지나치게 많이 마시는 것 : ____ ____
4. 시력을 잃어 앞을 볼 수 없는 것 : ____ ____
5. 위에서 찾을 수 있는 사자성어를 모두 쓰고 뜻을 이야기해 봅시다.

보기 年中無休 : 일 년 동안 쉬는 날이 하루도 없는 것을 말한다.

1) (   ) : ____________________
2) (   ) : ____________________
3) (   ) : ____________________

4 여러분 나라의 食事禮節에 대해 써 봅시다.

단어	訪問	食事	禮節	失禮	禮儀	飮食

우리나라에는 食事를 할 때 지켜야 할 여러 가지 禮節이 있다.

제 15 과 휴대폰 禮節

● 휴대폰 예절

우리가 每日 사용하는 휴대폰이 가끔 他人에게 피해를 줄 수도 있다. 휴대폰 사용 時 우리가 지켜야 할 휴대폰 禮節은 무엇일까?

우선 公共場所에서는 휴대폰의 전원을 끄는 것이 禮儀에 맞는 일이다. 病院이나 항공기에서 이동전화를 사용하는 것은 禁止되어 있다. 이동전화의 전자파 때문에 기계 作動에 異常이 發生할 수도 있기 때문이다. 강의 時間에 휴대폰이 울리거나 전화를 받기 위해 教室 밖으로 나가는 것은 수업을 방해하는 일이다. 특히 운전 中의 휴대폰 사용은 사고의 원인이 될 수도 있으므로 不法으로 규정되어 있다.

한자 쓰기

每 마다 **매**	禁 금하다 **금**
他 다르다 **타**	止 그치다 **지**
共 함께 **공**	異 다르다 **리(이)**
病 병들다 **병**	法 법 **법**

읽어 봅시다

• 每月	• 每年	• 每事	• 他意
• 他地	• 他國	• 共同	• 病室
• 病名	• 病的	• 病院長	• 病死
• 禁食	• 出入禁止	• 中止	• 異性
• 異意	• 異見	• 法的	• 法院

연습문제

1 다음의 한자를 읽어봅시다.

1) 마약 賣買는 不法입니다.

2) 오늘 영수 行動이 좀 異常한 것 같아.

3) 來日 수술이 있어 오늘 저녁 9時부터 禁食입니다.

4) 같이 共同구매를 하면 좀 싸게 살 수 있을 거예요.

5) 入院한 지 2週가 지났는데도 아직 病名이 무엇인지 모른대요.

6) 未成年者는 出入禁止입니다. 주민등록증을 보여 주십시오.

7) 每日 하루에 30分 以上 걷는 것만으로도 充分한 運動이 됩니다.

2 다음 중 음이 같은 한자를 골라 ( )안에 쓰고 음과 뜻을 쓰십시오.

1) 地 : 止 他 訪 連 ( ) : ____________________

2) 禁 : 全 金 深 問 ( ) : ____________________

3) 異 : 未 耳 引 休 ( ) : ____________________

4) 共 : 作 傳 通 公 ( ) : ____________________

5) 每 : 賣 明 原 禮 ( ) : ____________________

3 다음 문장의 밑줄 친 단어를 한자로 쓰십시오.

1) 이 곳은 입산금지( ) 구역입니다.

2) 매일( ) 30分씩 걷는 것도 좋은 運動이 됩니다.

3) 사춘기 때는 누구나 이성( )에 대한 관심이 생기게 됩니다.

4) 이 곳은 불법( ) 주차한 차량들로 교통이 더 복잡하다.

5) 공공장소( )에서 큰 소리로 전화를 하는 것은 他人에게 피해를 주는 것이다.

4 여러분이 생각하는 바람직한 휴대폰 사용예절에 대해 써 봅시다.

단어	他人	公共場所	禮儀	失禮	禮節	病院	禁止

우리가 每日 사용하는 휴대폰은 친구들과의 연락을 위해 꼭 있어야 하는 重要한 物件이다. 그러나 이렇게 우리에게 꼭 필요한 것도 잘못 사용하면 他人에게 피해를 줄 수 있다. 우리들이 휴대폰을 사용할 때 주의해야 할 것은 무엇일까?

활용단어

共 : 공통(共通) 공동체(共同體) 공공요금(公共料金)

禁 : 금연(禁煙) 금주(禁酒) 금기(禁忌)

고사성어

異口同聲(이구동성)

여러 사람이 한 입으로 말하는 것처럼 같은 내용의 말을 하는 것

단어 색인

모범 답안

제1과 자기소개서

읽어 봅시다

• 姓名	• 無名	• 名分	• 現在
• 現金	• 生業	• 現地	• 在美
• 在日	• 在學	• 實在	• 活力
• 地方	• 實力	• 現實	• 實業家
• 實名	• 實生活	• 事業	• 業界

- 성명, 무명, 명분, 현재
- 현금, 생업, 현지, 재미
- 재일, 재학, 실재, 활력
- 지방, 실력, 현실, 실업가
- 실명, 실생활, 사업, 업계

연습문제

1 다음의 한자를 읽어봅시다.

1) 現金을 너무 많이 가지고 다니면 위험해요.

2) 實生活에 사용할 수 있는 표현을 배웠어요.

3) 그 靑年 實業家는 自手成家한 사람입니다.

4) 영수 씨는 在日교포가 아니라 在美교포예요.

5) 내일 강원 山間 地方에 첫 눈이 내릴 것으로 예상됩니다.

6) 요즘은 좋은 會社에 취직하려면 컴퓨터 實力을 갖추고 있어야 한다.

7) 그 사람은 實力은 뛰어나지만 아직은 無名가수 生活을 하고 있다.

2 관계있는 것을 연결하십시오.

姓名 •	• 萬원, 五千원, 千원
現金 •	• 김 영 수
自手成家 •	• 學校에 入學하여 다니고 있음
在學 •	• 물려받은 재산 없이 혼자 힘으로 재산을 모음

3 다음 문장의 밑줄 친 단어를 한자로 바꾸십시오.

1) 여기에 성명(　　　)과 생년월일(　　　　)을 써 주십시오.

2) 재학(　　　) 증명서를 발급 받으려면 어떻게 해야 합니까?

3) 실생활(　　　　)에 사용할 수 있는 실용적인 것이 좋겠어요.

4) 현대사회(　　　　)에서 가장 필요한 것은 무엇이라고 생각하십니까?

5) 운동도 잘 하고, 공부도 잘 하고 영수는 팔방미인(　　　　)이구나.

1. 1) 현금
   2) 실생활
   3)청년 실업가, 자수성가
   4) 재일, 재미
   5) 산간 지방
   6) 회사, 실력
   7) 실력, 무명, 생활

2. 성명 — 김 영 수
   현금 — 만원, 오천원, 천원
   재학 — 학교에 입학하여 다니고 있음
   자수성가 — 물려받은 재산없이 혼자 힘으로 재산을 모음

3. 1) 姓名, 生年月日
   2) 在學
   3) 實生活
   4) 現代社會
   5) 八方美人

제2과 입학신청서

읽어 봅시다

• 申請書	• 內申	• 自請	• 住生活
• 學歷	• 書名	• 住所	• 書室
• 所長	• 所重	• 地位	• 所在地
• 方位	• 所行	• 學位	• 高卒
• 一位	• 名所	• 山所	• 前上書

- 신청서, 내신, 자청, 주생활
- 학력, 서명, 주소, 서실
- 소장, 소중, 지위, 소재지
- 방위, 소행, 학위, 고졸
- 일위, 명소, 산소, 전상서

연습문제

1 다음 문장을 읽어 봅시다.

1) 少年 家長이 서울大에 首席 入學을 했다.

2) 요즘 우리 사회에는 高學歷 실업자가 늘고 있다.

3) 韓國도 이제 世界 上位 二十位에 드는 경제大國이다.

4) 달라이 라마는 前生에 살았던 住所를 기억한다고 한다.

5) 우리 과의 歷代 學長님들은 모두 外國에서 박사 學位를 받으셨다.

6) 大學校에 入學한 後, 지난 週에 처음으로 미팅에서 애프터 申請을 받았다.

7) 子女들이 父母님께 같이 서울로 올라가시자고 請했지만, 父母님은 거절하셨다.

2 나머지 셋과 어울리지 않는 한자어를 고르십시오.

1) (　　　) ① 姓名　② 學歷　③ 住所　④ 食事

2) (　　　) ① 父母　② 春秋　③ 先生　④ 學生

3) (　　　) ① 山川　② 自然　③ 住所　④ 天地

4) (　　　) ① 申請　② 韓國　③ 日本　④ 美國

3 배우자를 고를 때 어떤 조건을 중요하게 생각하는지 순서를 정해 보십시오.

보기　家門　學歷　耳目口鼻　現金 有無　生年月日

一位 :　　二位 :　　三位 :

四位 :　　五位 :

1. 1) 소년 가장, 대, 수석 입학
   2) 고학력
   3) 한국, 세계 상위 이십위, 대국
   4) 전생, 주소
   5) 역대 학장, 외국, 학위
   6) 대학교, 입학, 후, 주, 신청
   7) 자녀, 부모, 청, 부모

2. 1) ④ 식사
   2) ② 춘추
   3) ③ 주소
   4) ① 신청

3. 가문, 학력, 이목구비, 현금 유무, 생년월일

제3과 구인광고

읽어 봅시다

- 韓國語
- 外國語
- 無分別
- 少年院
- 院長
- 語學院
- 相談室
- 首相
- 時代相
- 生活相
- 月給
- 別名
- 別天地
- 別世
- 別食
- 個人
- 自然的
- 世界的
- 會談
- 自給自足

- 한국어, 외국어, 무분별, 소년원
- 원장, 어학원, 상담실, 수상
- 시대상, 생활상, 월급, 별명
- 별천지, 별세, 별식, 개인
- 자연적, 세계적, 회담, 자급자족

연습문제

1. 다음의 문장을 읽어 봅시다.

1) 화가 나면 分別力을 잃는다.

2) 中國語를 배우는 中學生들이 늘고 있다.

3) 美國의 國會는 上院과 下院으로 구성돼 있다.

4) 高先生님이 入院하신 入院室은 326호 室이다.

5) 국립중앙박물관에 가면 조선 時代의 生活相을 한 눈에 볼 수 있다.

6) 十代 靑少年들이 相談 先生님을 찾는 가장 큰 이유는 進學 문제 때문이다.

7) 數個月間 少年少女家長을 도와온 七十代 老人의 美談이 알려져 요즘 화제다.

2. 두 한자를 합성하여 하나의 한자어를 만들고, 맞는 의미를 찾아 연결하십시오.

1) 公 + 的 = ________ •   • 國家的, 社會的

2) 心 + 的 = ________ •   • 分量과 관계된

3) 量 + 的 = ________ •   • 셀 수 있는

4) 數 + 的 = ________ •   • 마음으로 느끼는

3. 설명을 읽고 보기에서 알맞은 단어를 찾아 낱말 맞추기를 해 보십시오.

보기 院長 在學中 所長 學院 美談 言語 韓國語 相談

	2)			
1)			4)	
			3)	
	6)			
5)				8)
		7)		

가로)

1) 서로 이야기하다

3) 특별한 기술을 배우기 위해 가는 곳

5) 병원에서 제일 높은 사람

7) 韓國사람들이 實生活에서 쓰는 말

세로)

2) 아름다운 이야기

4) 現在 學校에 다니고 있음

6) 공사 현장의 책임자

8) 말과 글

---

1. 1) 분별력
   2) 중국어, 중학생
   3) 미국, 국회, 상원, 하원
   4) 고선생, 입원, 입원실, 실
   5) 시대, 생활상
   6) 십대 청소년, 상담 선생, 진학
   7) 수개월간 소년소녀가장, 칠십대 노인, 미담

2. 1) 공적 — 국가적, 사회적
   2) 심적 — 마음으로 느끼는
   3) 양적 — 분량과 관계된
   4) 수적 — 셀 수 있는

3.

	2)美			
1)相	談		4)在	
			3)學	院
	6)所		中	
5)院	長			8)言
		7)韓	國	語

제4과 신입사원

어 봅시다

• 新生兒	• 新學期	• 充足	• 新入生
• 新世界	• 新入社員	• 外國資本	• 人格
• 充實	• 專門的	• 專門性	• 專門大
• 充員	• 資本家	• 資格	• 學資金
• 可能性	• 目的格	• 能事	• 出勤

- 신생아, 신학기, 충족, 신입생
- 신세계, 신입사원, 외국자본, 인격
- 충실, 전문적, 전문성, 전문대
- 충원, 자본가, 자격, 학자금
- 가능성, 목적격, 능사, 출근

연습문제

1 다음 문장을 읽어봅시다.

1) 모두가 可能한 時間에 會食을 합시다.
2) 최근 新生兒 출산율이 더욱 低下되고 있다.
3) 東大門 시장에서는 의류를 專門的으로 판매한다.
4) 父母의 사랑은 不可能해 보이는 일을 可能하게 만든다.
5) 한국어학당의 강사가 되려면 大學院 석사 學位 이상의 資格이 필요하다.
6) 名門大 大學院에서 박사 學位를 받았으므로 교수 지원 資格은 充分하다.
7) 方 先生님은 外國人에게 韓國語를 가르치는 데 平生 專心專力을 다 하셨다.

2 보기에서 비슷한 단어를 찾아 쓰십시오.

보기 本業 自社 資金 專門家 一學年 新入社員

1) 專門 ______ 2) 資本 ______
3) 本社 ______ 4) 新入生 ______
5) 專門人 ______ 6) 入社 一年 ______

3 現在 自身의 能力으로 可能한 것은 무엇입니까? 글자를 묶어 단어를 만들고 써 보세요.

語	學	院	卒	業
首	出	長	新	資
席	世	界	旅	行
大	學	入	學	愛
格	專	社	充	國

보기 語學院 卒業

---

1. 1) 가능, 시간, 회식
2) 신생아, 저하
3) 동대문, 전문적
4) 부모, 불가능, 가능
5) 대학원, 학위, 자격
6) 명문대 대학원, 학위, 자격, 충분
7) 방 선생, 외국인, 한국어, 평생 전심전력

2. 1) 專門 = 本業
2) 資本 = 資金
3) 本社 = 自社
4) 新入生 = 一學年
5) 專門人 = 專門家
6) 入社 一年 = 新入社員

3.

어	학	원	졸	업
수	출	장	신	자
석	세	계	여	행
대	학	입	학	애
격	전	사	충	국

首席, 出世, 院長, 愛國,
入社, 世界旅行,
大學入學

제5과 개인 성격

읽어 봅시다

• 方向	• 風向	• 南向大門	• 愛情
• 父情	• 好人	• 愛好	• 代表性
• 人情	• 表現力	• 好感	• 直感
• 直說的	• 母性愛	• 充足感	• 時間表
• 感性的	• 代表資格	• 性格	• 力說

• 방향, 풍향, 남향대문, 애정

• 부정, 호인, 애호, 대표성

• 인정, 표현력, 호감, 직감

• 직설적, 모성애, 충족감, 시간표

• 감성적, 대표자격, 성격, 역설

연습문제

1 다음 문장을 읽어봅시다.

1) 新世代의 愛情 表現은 너무 直說的이다.

2) 그 男子는 母性 本能이 있는 女性을 좋아한다.

3) 그의 小說에는 新世代의 感性이 잘 表現되어 있다.

4) 韓國에서는 東向이나 西向보다 南向大門을 더 좋아한다.

5) 할머님께 손주 며느리를 보신 所感이 어떠신지 여쭤봤다.

6) 靑少年期가 지나면서 女性과 男性은 서로에게 특별한 感情을 느끼게 된다.

7) 그 學說은 專門性이 부족해 學界에 발표해도 받아들여질 可能性이 별로 없다.

2 빈 칸에 공통으로 들어갈 한자를 보기에서 골라 쓰십시오.

보기: 情 直 實 向 格 表

1) 人(　　), 性(　　)　　2) (　　)前, (　　)後

3) 感(　　), 母(　　)　　4) 方(　　), 右(　　)右

5) 事(　　), (　　)名　　6) (　　)現, (　　)情

3 설명을 읽고 보기에서 알맞은 단어를 찾아 낱말 맞추기를 해 보십시오.

보기: 感性 事業家 家出 南向 直說的 數的 情感 直感 情談 好感

1)				2)
		3)/4)		
	5)/6)			
			10)	
8)				
9)			7)	

가로)

1) 韓國人이 집을 살 때 좋아하는 方向

3) 숨김없이 생각하는 것을 그대로 드러내는

5) 정다운 느낌

7) 집을 나가다. ○○ 靑少年

9) 대상에 대한 느낌

세로)

2) 셀 수 있는, 數와 관계된

4) 순간적으로 느끼다

6) 정다운 이야기

8) 좋아하는 마음

10) 事業을 하는 사람

1. 1) 신세대, 애정 표현, 직설적

2) 남자, 모성 본능, 여성

3) 소설, 신세대, 감성, 표현

4) 한국, 동향, 서향, 남향대문

5) 소감

6) 청소년기, 여성, 남성, 감정

7) 학설, 전문성, 학계, 가능성

2. 1) 格 : 인격, 성격　　2) 直 : 직전, 직후

3) 情 : 모정, 감정　　4) 向 : 방향, 우향우

5) 實 : 사실, 실명　　6) 表 : 표현, 표정

3.

1) 南	向			2) 數
		3)/4) 直	說	的
	5)/6) 情	感		
	談		10) 事	
8) 好			業	
9) 感	性		7) 家	出

제6과 가치관

읽어 봅시다

• 價格	• 中低價	• 高價	• 數値
• 人生觀	• 世界觀	• 觀相	• 重視
• 重要性	• 要所	• 要請	• 要地
• 直視	• 可視的	• 手話	• 對話
• 實話	• 活性化	• 社會化	• 專門化

• 가격, 중저가, 고가, 수치

• 인생관, 세계관, 관상, 중시

• 중요성, 요소, 요청, 요지,

• 직시, 가시적, 수화, 대화,

• 실화, 활성화, 사회화, 전문화

연습문제

1 다음 문장을 읽어봅시다.

1) 文學家들은 直感과 直觀을 重要視한다.

2) 現代 社會는 學歷보다 個人의 能力을 重要視한다.

3) 十九세기 美國人들은 自然을 따르는 生活을 重視했다.

4) 高價에 구입한 아파트가 低價로 매매되어 손해를 봤다.

5) 兒童期에 父母의 愛情을 充分히 받으면 社會生活을 할 때 對人관계도 좋다.

6) 學生會 代表와 校長 先生님이 만나 五月 축제를 活性化하자는 이야기를 했다.

7) 이번 週에 열린 南北 對話의 결과에 대해 南측과 北측 代表들은 모두 滿足했다.

2 여러분은 人生에서 무엇을 重要視하십니까? 다음의 상황에서 하나를 선택해 보십시오.

1) ① 하루에 1時間씩은 운동을 한다.
可能하면 小食을 하는데 주로 無公害식품을 먹는다. ( )

② 外向的 性格이고 친구를 重要視한다.
가끔 暴食도 하고 老化에는 신경 쓰지 않는다. ( )

2) ① 會社에 重要한 일이 있으면 愛人과의 약속을 취소할 수도 있다. ( )

② 現在 내가 사귀는 愛人이 내 人生에서 가장 重要하다.
내 生活의 時間表는 愛人과 可能한 한 많은 時間을 보낼 수 있게 짠다. ( )

3) ① 내 결혼 相對는 내가 직접 고르고 싶다.
마음에 드는 相對方이 있으면 내가 먼저 愛情 表現을 할 수도 있다. ( )

② 결혼과 같은 重大事는 父母兄弟의 의견을 따라야 한다.
學歷이나 家門도 無視할 수 없다. ( )

4) ① 직장의 出勤時間이 자유로운 專門 직업이 좋다.
實力에 따라 個人別 月給이 다르게 결정되어야 한다. ( )

② 하루 8時間 일하는 會社員 生活이 제일 마음 편하다. 時間이
지나면서 직장에서의 地位가 높아지면 月給도 自然히 많아질 것이다. ( )

1. 1) 문학가, 직감, 직관, 중요시

2) 현대 사회, 학력, 개인, 능력, 중요시

3) 십구, 미국인, 자연, 생활, 중시

4) 고가, 저가

5) 아동기, 부모, 애정, 충분, 사회생활, 대인

6) 학생회 대표, 교장 선생, 오월, 활성화

7) 주, 남북 대화, 남, 북, 대표, 만족

2. 1) ① 시간, 가능, 소식, 무공해

② 외향적 성격, 중요시, 폭식, 노화

2) ① 회사, 중요, 애인

② 현재 , 애인, 인생, 중요, 생활, 시간표, 애인,
가능, 시간

3) ① 상대, 상대방, 애정 표현

② 중대사, 부모형제, 학력, 가문, 무시

4) ① 출근시간, 전문, 실력, 개인별 월급

② 시간, 회사원 생활, 시간, 지위, 월급, 자연

제7과 여가생활

읽어 봅시다

• 日常生活	• 常時	• 行動	• 活動
• 動力	• 動向	• 年末	• 學期末
• 運動會	• 國運	• 再會	• 再開發
• 充電	• 開業	• 開校	• 開會
• 發表	• 發生	• 出發	• 發動

• 일상생활, 상시, 행동, 활동

• 동력, 동향, 연말, 학기말

• 운동회, 국운, 재회, 재개발

• 충전, 개업, 개교, 개회

• 발표, 발생, 출발, 발동

연습문제

1 다음 문장을 읽어봅시다.

1) 開業을 축하합니다.

2) 어제 본 영화는 정말 感動的이었다.

3) 저희 아버지는 海運會社에 다니고 계십니다.

4) 食事量은 늘었는데 運動은 하지 않으면 당연히 살이 찌지.

5) 中間시험 본 지가 얼마되지 않은 것 같은데 벌써 學期末시험이라니….

6) 내일 아침 9時에 出發하기로 했으니까 30分 前까지 學校 앞으로 모여 주십시오.

7) 교통사고로 아직 下半身이 자유롭지 못하지만 열심히 再活치료를 받고 있다.

2 공통으로 들어갈 수 있는 한자어를 찾아 쓰십시오.

보기: 動 再 開 發

1) (　)發, (　)生, (　)會

2) 出(　), 感(　), 活(　)

3) 出(　), 活(　), (　)表

4) (　)業, (　)校, (　)學

3 다음 문장의 밑줄 친 단어를 한자로 바꾸어 쓰십시오.

1) 申請書는 이번 주말(　　)까지 제출해 주십시오.

2) 휴대폰을 어디에서 충전(　　)할 수 있나요?

3) 다시 재발(　　)하지 않도록 건강 조심하세요.

4) 小食과 적당한 운동(　　)이 장수의 비결이지요.

5) 다음 週에 개학(　　)하면 친구들을 만날 수 있겠지요?

6) 신체의 장애를 극복하고 성공한 이야기는 정말 감동적(　　)이었어요.

1. 1) 개업
   2) 감동적
   3) 해운회사
   4) 식사량, 운동
   5) 중간, 학기말
   6) 시, 출발, 분전, 학교
   7) 하반신, 재활

2. 1) 再 : 재발, 재생, 재회
   2) 動 : 출동, 감동, 활동
   3) 發 : 출발, 활발, 발표
   4) 開 : 개업, 개교, 개학

3. 1) 週末
   2) 充電
   3) 再發
   4) 運動
   5) 開學
   6) 感動的

제8과 대중문화

읽어 봅시다

• 新聞	• 公衆	• 衆生	• 流水
• 流行	• 一流	• 全校生	• 全國
• 全世界	• 活氣	• 氣分	• 氣力
• 發音	• 音樂室	• 低音	• 高音
• 樂長	• 同業	• 同行	• 同感

• 신문, 공중, 중생, 유수

• 유행, 일류, 전교생, 전국

• 전세계, 활기, 기분, 기력

• 발음, 음악실, 저음, 고음

• 악장, 동업, 동행, 동감

연습문제

1 다음 문장을 읽어봅시다.

1) 父母님들은 子女들이 一流 大學에 入學하기를 원한다.

2) 내일 있을 運動會를 위해 全校生이 모여서 연습을 했다.

3) 學校 다닐 때 나는 音樂 時間을 제일 좋아했다.

4) 學期末 성적이 나빠서 그런지 영수가 오늘 하루종일 氣分이 좋지 않다.

5) 아무리 열심히 연습해도 韓國語 發音이 自然스럽지 않아 걱정이다.

6) 무조건 流行을 따르는 것보다 자기 個性을 살리는 것이 重要하다.

7) 요즘은 스키와 골프가 大衆化되어 많은 사람들이 즐기는 스포츠가 되었다.

2 관계있는 것을 연결하십시오.

運動 •	• 流行하는 노래, 드라마
外國語 •	• 축구, 야구, 농구, 배구
年末 •	• 日語, 中國語
運行 •	• 비행기, 기차, 지하철, 버스
大衆文化 •	• 크리스마스, 송년회

3 다음은 음(音)이 같은 한자입니다. 맞는 한자를 써 봅시다.

동 東 動 同

1) 영수씨의 어제 **행동**(行)은 정말 이해할 수가 없다.

2) 이제는 **동성동본**(姓 本)의 결혼도 가능해졌다.

3) 나이가 몇 살이냐고 물었더니 1時 5分이라고 **동문서답**(問西答)을 했다.

중 中 重 衆

1) 내일은 **중간**(間)시험이 있는 날이다.

2) 이 일은 아주 **중요**(要)한 일이니까 신중하게 하도록 하세요.

3) 요즘은 대부분 핸드폰을 사용하니까 **공중**(公)전화가 많이 없어졌다.

전 全 前 專

1) **전신운동**(身運動)으로 적당한 스포츠는 무엇일까?

2) 2시부터 회의가 시작되니 10분 **전**( )까지 와 주십시오.

3) 이 일은 아무나 할 수 있는 일이 아니에요. **전문가**(門家)에게 부탁하세요.

---

1. 1) 부모, 자녀, 일류대학, 입학
   2) 운동회, 전교생
   3) 학교, 음악시간
   4) 학기말, 기분
   5) 한국어 발음, 자연
   6) 유행, 개성, 중요
   7) 대중화

2. 운동 → 축구, 야구, 농구, 배구
   외국어 → 일어, 중국어
   연말 → 크리스마스, 송년회
   운행 → 비행기, 기차, 지하철, 버스
   대중문화 → 유행하는 노래, 드라마,

3. 1) 動 2) 同 3) 東
   1) 中 2) 重 3) 衆
   1) 全 2) 前 3) 專

제9과 저출산 시대

읽어 봅시다

• 結實	• 未婚母	• 再婚	• 婚事
• 教室	• 教師	• 育兒	• 育成
• 教育	• 未成年	• 未開	• 未安
• 來日	• 來世	• 來韓	• 生産量
• 安全運行	• 安心	• 産業	• 生産

• 결실, 미혼모, 재혼, 혼사

• 교실, 교사, 육아, 육성

• 교육, 미성년, 미개, 미안

• 내일, 내세, 내한, 생산량

• 안전운행, 안심, 산업, 생산

연습문제

1 다음 문장을 읽어봅시다.

1) 未成年者는 出入할 수 없습니다.

2) 來週에 마이클 잭슨의 來韓공연이 있다.

3) 차를 탈 때는 언제나 安全벨트를 착용해야 한다.

4) 이 教室에는 中國사람, 美國사람, 日本사람이 있습니다.

5) 大學 教育을 받은 사람만이 出世할 수 있는 時代는 아니다.

6) 여기는 사고가 잦은 곳이니까 安全 運行해 주시기 바랍니다.

7) 結婚하지 않고 혼자 살겠다는 女性이 늘고 있는 이유는 무엇일까?

2 설명에 맞는 단어를 찾아 쓰십시오.

未	末	敎	校	不
結	婚	育	肉	動
週	美	個	性	産
同	來	事	成	安
行	新	入	社	員

1) 아직 결혼하지 않은 상태 : 未 婚

2) 같은 길을 함께 가는 것 : ___ ___

3) 가르치고 지도하는 것 : ___ ___

4) 땅이나 집 등 움직일 수 없는 재산 : ___ ___ ___

5) 사람마다 가지고 있는 남과 다른 특성 : ___ ___

6) 회사에 들어간 지 얼마 되지 않은 사람 : ___ ___ ___ ___

3 밑줄 친 한자어를 바르게 고치십시오.

1) 美來(　　　)의 내 모습은 어떻게 변해 있을까?

2) 出山(　　　)을 원하지 않는 女性들이 많아 人口가 줄었다.

3) 외국어 校肉(　　　)은 어렸을 때부터 시작하는 게 좋다고 한다.

4) 아직은 한자 實力이 많이 父足(　　　)한 편이다.

5) 요즘 運同(　　　)을 하지 않아 몸이 둔해졌다.

---

1. 1) 미성년자, 출입
   2) 내주, 내한
   3) 안전
   4) 교실, 중국, 미국, 일본
   5) 대학 교육, 출세, 시대
   6) 안전운행
   7) 결혼, 여성

2.

미	말	교	교	부
결	혼	육	육	동
주	미	개	성	산
동	래	사	성	안
행	신	입	사	원

1) 未婚　　2) 同行
3) 教育　　4) 不動産
5) 個性　　6) 新入社員

3. 1) 未
   2) 産
   3) 教育
   4) 不
   5) 動

제10과 토론

읽어 봅시다

• 死別	• 生死	• 運命	• 生命
• 一回	• 回數	• 同意	• 意見
• 意外	• 意向	• 見學	• 見本
• 限界	• 制限	• 限時的	• 立冬
• 運動場	• 場所	• 現場	• 立場

• 사별, 생사, 운명, 생명
• 일회, 회수, 동의, 의견
• 의외, 의향, 견학, 견본
• 한계, 제한, 한시적, 입동
• 운동장, 장소, 현장, 입장

연습문제

1 다음 문장을 읽어봅시다.

1) 자신의 意見을 發表해 주십시오.
2) 年末모임의 時間과 場所를 확인해 주십시오.
3) 그 범인은 現場에서 바로 체포되었다.
4) 부인과 死別한 지 10年이 지난 後에 再婚을 했다.
5) 期末시험이 어려울 줄 알았는데 意外로 쉬워서 다행이었다.
6) 韓國사람들이 四자를 싫어하는 이유는 死와 音이 같기 때문이다.
7) 한 個人의 運命은 만들어지는 것일까? 出生과 同時에 결정된 것일까?

2 다음 한자의 음과 뜻을 쓰십시오.

1) 音 : 소리 음　　意 : ______
2) 語 : ______　　話 : ______
3) 末 : ______　　未 : ______
4) 住 : ______　　位 : ______
5) 性 : ______　　姓 : ______
6) 限 : ______　　院 : ______

3 다음 문장의 밑줄 친 단어를 한자로 쓰십시오.

1) 인간의 한계(　　)에 도전하는 사람들!
2) 저도 그 의견(　　)에 동의(　　)합니다.
3) 이번 學期에는 김치공장으로 견학(　　)을 가기로 했다.
4) 내일 東大門운동장(　　)에서 축구시합이 있습니다.
5) 이 상품은 이번 달만 한시적(　　)으로 판매되는 것입니다.
6) 인명(　　)은 在天이라는 말은 사람의 생명(　　)은 하늘에 달려있다는 뜻이다.

1. 1) 의견, 발표
2) 연말, 시간, 장소
3) 현장
4) 사별, 년, 후, 재혼
5) 기말, 의외
6) 한국, 사, 사, 음
7) 개인, 운명, 출생, 동시

2. 1) 소리 음, 뜻 의
2) 말씀 어, 말하다 화
3) 끝 말, 아니다 미
4) 살다 주, 자리 위
5) 성품 성, 성 성
6) 한계 한, 집 원

3. 1)限界　　2) 意見, 同意
3) 見學　　4) 運動場
5) 限時的　　6) 人命, 生命

제11과 인터넷 실명제

읽어 봅시다

• 産兒制限	• 再活用	• 教育部	• 通過
• 通信員	• 通姓名	• 通信社	• 通用
• 通話量	• 開通	• 內(外)部	• 利用
• 利子	• 過信	• 所信	• 私生活
• 不信	• 制動	• 私立學校	• 小說部門

- 산아제한, 재활용, 교육부, 통과
- 통신원, 통성명, 통신사, 통용
- 통화량, 개통, 내(외)부, 이용
- 이자, 과신, 소신, 사생활
- 불신, 제동, 사립학교, 소설부문

연습문제

1. 다음 문장을 읽어봅시다.

1) 韓國의 學制는 六, 三, 三, 四年制로 되어 있다.
2) 韓國語를 배울 때 받침 發音 部分이 제일 어렵다.
3) 國家情報院에서는 國家 安全과 관련된 情報를 수집한다.
4) 入院할 정도는 아니지만 三週間 通院 치료를 받아야 한다.
5) 外國語 教育을 專門으로 하는 私立學校들이 많이 設立되었다.
6) 요즘 같은 情報化 時代에는 山間 分校에서도 全校生이 컴퓨터를 利用한다.
7) 多情한 性格을 가진 全 목사님은 說教도 잘 해서 教人들 사이에 人氣가 많다.

2. 밑줄 친 단어의 뜻을 생각해 보고 보기에서 알맞은 한자를 골라 그 단어를 한자로 써 보십시오.

1) 어제 아침 부장님이 맡기신 부분은 다 했습니다.

보기 不 父 部 부장 : ______ 부분 : ______

2) 인터넷 통신을 이용해 편지를 보냈는데 회신이 없다.

보기 申 信 新 통신 : ______ 회신 : ______

3) 사석에서 알게 된 연예인의 사생활에 대해서까지 기사화해서는 안 된다.

보기 死 師 私 사석 : ______ 사생활 : ______

3. 3. 빈 칸에 공통으로 들어갈 한자를 보기에서 찾으십시오.

단어 信 通 報 制 用 利

1) 金( ), 暴( ), ( )子 2) 會( ), 學( ), 社( )
3) 學( ), 大家族( ), 實名( ) 4) 公( ), 利( ), 再活( )
5) 過( ), 外( ), ( )用 6) ( )風, 不( ), 內( )

1. 1) 한국, 학제, 육, 삼, 삼, 사년제
   2) 한국어, 발음 부분
   3) 국가정보원, 국가 안전, 정보
   4) 입원, 삼주간 통원
   5) 외국어 교육, 전문, 사립학교, 설립
   6) 정보화 시대, 산간 분교, 전교생, 이용
   7) 다정, 성격, 전, 설교, 교인, 인기

2. 1) 部長, 部分
   2) 通信, 回信
   3) 私席, 私生活

3. 1) 利 : 금리, 폭리, 이자
   2) 報 : 회보, 학보, 사보
   3) 制 : 학제, 대가족제, 실명제
   4) 用 : 공용, 이용, 재활용
   5) 信 : 과신, 외신, 신용
   6) 通 : 통풍, 불통, 내통

제12과 TV 홈쇼핑

읽어 봅시다

• 注力	• 注文 生産	• 注視	• 注意力
• 文學	• 女流 文人	• 外國 文物	• 賣物
• 家事勞動	• 世上 物情	• 買食	• 買入
• 賣買量	• 以前	• 風物	• 名物
• 實物	• 件數	• 勞動力	• 勤勞時間

- 주력, 주문 생산, 주시, 주의력
- 문학, 여류 문인, 외국 문물, 매물
- 가사노동, 세상 물정, 매식, 매입
- 매매량, 이전, 풍물, 명물
- 실물, 건수, 노동력, 근로시간

연습문제

1. 다음 문장을 읽어봅시다.

1) 南部地方은 예로부터 物資가 풍부했다.

2) 本社가 生産한 物件의 全量을 美國에 수출한다.

3) 再開發 지역의 주택 賣買 價格이 인상되었다.

4) 인터넷으로 物件을 注文하면 사흘 以內에 배달된다.

5) 韓國은 담배와 인삼의 專賣 事業을 國家가 하고 있다.

6) 會社의 賣出을 늘리기 위해서 社員 여러분이 努力해 주십시오.

7) 주식시장에 低價 賣物이 쏟아져 나와, 오늘 하루 賣買量이 많았다.

2. 나머지 셋과 관계없는 것을 하나 고르십시오.

1. (　　　) ① 以後 ② 賣場 ③ 注文 ④ 價格

2. (　　　) ① 物件 ② 動物 ③ 生物 ④ 人物

3. (　　　) ① 注文 ② 賣買 ③ 專賣 ④ 意見

4. (　　　) ① 動力 ② 水力 ③ 自力 ④ 火力

3. 설명을 읽고 보기에서 알맞은 단어를 찾아 낱말 맞추기를 해 보십시오.

보기 現住所 表情 現金 賣買 價格表 賣物 物價 直前 以前 生物 物件

1)/2)				4)
			3)	
	5)	6)		
10)		7)	8)	
11)				
			9)	

가로)
1) 現在 살고 있는 곳의 住所
3) 바로 전에
5) 사고 팔다
7) 物件의 價格
9) 마음 속의 感情이 얼굴에 드러난 모습
11) 상품

세로)
2) 實生活에서 通用되는 돈
4) 지금보다 前에
6) 팔 물건
8) 물건의 값을 적어놓은 표
10) 살아있는 모든 것

---

1. 1) 남부지방, 물자
   2) 본사, 생산, 물건, 전량, 미국
   3) 재개발, 매매 가격
   4) 물건, 주문, 이내
   5) 한국, 전매 사업, 국가
   6) 회사, 매출, 사원, 노력
   7) 저가 매물, 매매량

2. 1. ① 以後
   2. ① 物件
   3. ④ 意見
   4. ③ 自力

3.

1)/2) 現	住	所		4) 以
金			3) 直	前
	5) 賣	6) 買		
10) 生		7) 物	8) 價	
11) 物	件		格	
			9) 表	情

제13과 경제

읽어 봅시다

• 傳來童話	• 原價	• 原動力	• 原子力
• 原來	• 食用油	• 油價	• 石油
• 引用	• 引出	• 失業	• 失手
• 深化	• 水深	• 作文	• 作用
• 作動	• 作業	• 失明	• 發明

연습문제

1 다음 문장을 읽어봅시다.

1) 作文시험이 없다면 얼마나 좋을까?

2) 나도 그 영화를 보고 싶었는데... 以心傳心이구나.

3) 커피 전문점에서 팔고 있는 커피의 原價는 얼마나 될까?

4) 金利가 引下되면 不動產 價格이 오를 可能性이 크다.

5) 여기는 水深이 깊어 수영을 할 수 없습니다.

6) 올해는 物價가 많이 올랐으니까 月給도 引上되겠지?

7) 이 기계가 전혀 作動하지 않는데 왜 그런지 모르겠어요.

2 다음 중 音(음)이 다른 한자를 찾아 音과 뜻을 쓰십시오.

보기 姓 性 生 星 (生 : 날 생)

1) 全 傳 意 前 (　　　)

2) 原 場 院 員 (　　　)

3) 實 社 失 室 (　　　)

4) 運 明 命 名 (　　　)

5) 社 限 事 死 (　　　)

3 다음은 音이 같은 한자입니다. 문장에 맞는 한자를 쓰십시오.

보기 失業 實業

1) 韓國 경제가 좋지 않아 **실업**(　　　)문제가 심각하다.

2) 그 靑年 **실업**(　　　)家는 혼자의 힘으로 큰 會社를 세웠다.

보기 失明 實名

1) 인터넷에 自身의 意見을 올릴 때는 **실명**(　　　)을 사용해야 합니다.

2) 그 사람은 사고로 눈을 다쳐 **실명**(　　　)되었다고 합니다.

보기 油性 流星

1) **유성**(　　　)을 보며 소원을 빌면 그 소원이 이루어진다고 한다.

2) 이것은 **유성**(　　　)물감이므로 물에 잘 지워지지 않습니다.

• 전래동화, 원가, 원동력, 원자력

• 원래, 식용유, 유가, 석유

• 인용, 인출, 실업, 실수

• 심화, 수심, 작문, 작용

• 작동, 작업, 실명, 발명

1. 1) 작문

2) 이심전심

3) 원가

4) 금리, 인하, 부동산가격, 가능성

5) 수심

6) 물가, 월급, 인상

7) 작동

2. 1) 意 : 뜻 의

2) 場 : 마당 장

3) 社 : 모이다 사

4) 運 : 옮기다 운

5) 限 : 한계 한

3. 1) 失業, 實業

2) 實名, 失明

3) 流星, 油性

제14과 식사예절

읽어 봅시다

• 連結	• 連發	• 連日	• 連行
• 公休日	• 休學	• 休校	• 年中無休
• 訪韓	• 訪美	• 訪問	• 問安
• 禮物	• 禮儀	• 禮節	• 飮食
• 過飮	• 連休	• 休業	• 飮食物

• 연결, 연발, 연일, 연행

• 공휴일, 휴학, 휴교, 연중무휴

• 방한, 방미, 방문, 문안

• 예물, 예의, 예절, 음식

• 과음, 연휴, 휴업, 음식물

연습문제

1 다음 한자를 읽어 봅시다.

1) 이번 5日間의 連休에 무엇을 할까 생각 中이에요.

2) 저는 大學校 2學年 때 休學하고 군대에 갔다 왔어요.

3) 結婚식 때 신랑과 신부는 서로 禮物을 주고 받는다.

4) 새로 생긴 禮節이 있는가 하면 사라져 버린 禮節도 있다.

5) 어제 너무 過飮을 해서 그런지 지금도 속이 좋지 않다.

6) 禮儀에 어긋난 行動을 하면 그 사람의 人相이 흐려지게 마련이다.

7) 韓國사람 집을 訪問할 때 특히 주의해야 할 것은 무엇입니까?

2 다음은 비슷한 한자입니다. 각 한자의 음과 뜻을 쓰십시오.

1) 連 : ________ 運 : ________

2) 問 : ________ 間 : ________

3) 訪 : ________ 方 : ________

4) 休 : ________ 住 : ________

5) 作 : ________ 件 : ________

3 다음 설명에 맞는 한자를 찾아 쓰십시오.

全	原	發	過	飮
作	訪	問	父	食
以	心	傳	心	年
失	子	三	安	中
傳	明	油	日	無
引	禮	節	連	休

1. 다른 사람의 집을 찾아 가는 것 : ____ ____

2. 2일 이상의 쉬는 날이 계속되는 것 : ____ ____

3. 술을 지나치게 많이 마시는 것 : ____ ____

4. 시력을 잃어 앞을 볼 수 없는 것 : ____ ____

5. 위에서 찾을 수 있는 사자성어를 모두 쓰고 뜻을 이야기해 봅시다.

보기 年中無休 : 일 년 동안 쉬는 날이 하루도 없는 것을 말한다.

1) (   ) : ________

2) (   ) : ________

3) (   ) : ________

1\. 1) 일간, 연휴, 중

2) 대학교, 학년, 휴학

3) 결혼, 예물

4) 예절, 예절

5) 과음

6) 예의, 행동, 인상

7) 한국, 방문

2\. 1) 연결하다 연, 옮기다 운

2) 묻다 문, 사이 간

3) 방문하다 방, 모 방

4) 쉬다 휴, 살다 주

5) 짓다 작, 물건 건

3\.

전	원	발	과	음
작	방	문	부	식
이	심	전	심	연
실	자	삼	안	중
전	명	유	일	무
인	예	절	연	휴

1) 訪問 2) 連休 3) 過飮 4) 失明

5) 以心傳心 : 마음과 마음이 통하는 것

作心三日 : 결심한 일을 삼일을 지키지 못함

父傳子傳 : 아버지와 아들이 똑 같음

제15과 휴대폰 예절

읽어 봅시다

• 每月	• 每年	• 每事	• 他意
• 他地	• 他國	• 共同	• 病室
• 病名	• 病的	• 病院長	• 病死
• 禁食	• 出入禁止	• 中止	• 異性
• 異意	• 異見	• 法的	• 法院

• 매월, 매년, 매사, 타의

• 타지, 타국, 공동, 병실

• 병명, 병적, 병원장, 병사

• 금식, 출입금지, 중지, 이성

• 이의, 이견, 법적, 법원

연습문제

1 다음의 한자를 읽어봅시다.

1) 마약 賣買는 不法입니다.

2) 오늘 영수 行動이 좀 異常한 것 같아.

3) 來日 수술이 있어 오늘 저녁 9時부터 禁食입니다.

4) 같이 共同구매를 하면 좀 싸게 살 수 있을 거예요.

5) 入院한 지 2週가 지났는데도 아직 病名이 무엇인지 모른대요.

6) 未成年者는 出入禁止입니다. 주민등록증을 보여 주십시오.

7) 每日 하루에 30分 以上 걷는 것만으로도 充分한 運動이 됩니다.

2 다음 중 음이 같은 한자를 골라 (　)안에 쓰고 음과 뜻을 쓰십시오.

1) 地 : 止　他　訪　連　(　　) : ______

2) 禁 : 全　金　深　間　(　　) : ______

3) 異 : 未　耳　引　休　(　　) : ______

4) 共 : 作　傳　通　公　(　　) : ______

5) 每 : 賣　明　原　禮　(　　) : ______

3 다음 문장의 밑줄 친 단어를 한자로 쓰십시오.

1) 이 곳은 입산금지(　　　　) 구역입니다.

2) 매일(　　　) 30分씩 걷는 것도 좋은 運動이 됩니다.

3) 사춘기 때는 누구나 이성(　　　)에 대한 관심이 생기게 됩니다.

4) 이 곳은 불법(　　　) 주차한 차량들로 교통이 더 복잡하다.

5) 공공장소(　　　　)에서 큰 소리로 전화를 하는 것은 他人에게 피해를 주는 것이다.

1. 1) 매매, 불법
   2) 행동, 이상
   3) 내일, 시, 금식
   4) 공동
   5) 입원, 주, 병명
   6) 미성년자, 출입금지
   7) 매일, 분, 이상, 충분, 운동

2. 1) 止 : 그치다 지
   2) 金 : 쇠 금
   3) 耳 : 귀 이
   4) 公 : 공변하다 공
   5) 賣 : 팔다 매

3. 1) 入山禁止
   2) 每日
   3) 異性
   4) 不法
   5) 公共場所